POR DENTRO DAS EQUIPES

CIP-BRASIL. CATALOGAÇÃO NA PUBLICAÇÃO
SINDICATO NACIONAL DOS EDITORES DE LIVROS, RJ

C782p

Contro, Luiz
    Por dentro das equipes / Luiz Contro – 1. ed. – São Paulo :
Ágora, 2014.
    il.

    Inclui bibliografia
    ISBN 978-85-7183-132-2

    1. Psicologia social. 2. Psicodrama. 3. Motivação (Psicologia).
I. Título.

13-05049
                                                              CDD: 302
                                                               CDU: 316.6

www.editoraagora.com.br

EDITORA AFILIADA

Compre em lugar de fotocopiar.
Cada real que você dá por um livro recompensa seus autores
e os convida a produzir mais sobre o tema;
incentiva seus editores a encomendar, traduzir e publicar
outras obras sobre o assunto;
e paga aos livreiros por estocar e levar até você livros
para a sua informação e o seu entretenimento.
Cada real que você dá pela fotocópia não autorizada de um livro
financia o crime
e ajuda a matar a produção intelectual de seu país.

POR DENTRO DAS EQUIPES

Luiz Contro

EDITORA
ÁGORA

POR DENTRO DAS EQUIPES
Copyright © 2014 by Luiz Contro
Direitos desta edição reservados por Summus Editorial

Editora executiva: **Soraia Bini Cury**
Editora assistente: **Salete Del Guerra**
Capa: **Alberto Mateus**
Imagem de capa: **Shutterstock**
Projeto gráfico e diagramação: **Crayon Editorial**
Impressão: **Sumago Gráfica Editorial**

Editora Ágora
Departamento editorial
Rua Itapicuru, 613 – 7º andar
05006-000 – São Paulo – SP
Fone: (11) 3872-3322
Fax: (11) 3872-7476
http://www.editoraagora.com.br
e-mail: agora@editoraagora.com.br

Atendimento ao consumidor
Summus Editorial
Fone: (11) 3865-9890

Vendas por atacado
Fone: (11) 3873-8638
Fax: (11) 3873-7085
e-mail: vendas@summus.com.br

Impresso no Brasil

afeito a este fazer
fazê-lo com afeto
é afetar-se com o feto
que pulsa
que pede pra nascer

para Rita,
sem açúcar
com afeto

a todas as pessoas, equipes,
organizações e instituições
que se permitem a ousadia
de lançar-se nessa trajetória
de checar seus fundamentos e escolhas,
de confrontar-se com suas tensões e prazeres,
de coletivamente recriar-se
na busca de relações mais humanizadas,
de um trabalho e de um aprendizado
que sejam mais integrados à vida

Sumário

Prefácio 13
Palavras iniciais 15

1 Fatos e fotos da proposta 21
2 Legitimidade para intervir 25
3 O tema motivação numa equipe de Creas 31
4 Primeiros passos nos papéis de médico e dentista . . . 35
5 Gestão de pessoas num hospital 41
6 Conselho Tutelar – o tamanho das próprias pernas . . 91
7 Liderança numa empresa – servindo a quê e a quem? . 97
8 Maquiagem numa empresa de acessórios
automobilísticos? 103
9 Método – explorando a realidade suplementar 107
10 Outras sugestões ao coordenador 113

Reflexões finais 117
Referências bibliográficas 119

Prefácio

A **BELA TRAJETÓRIA** de Luiz Contro nos papéis de psicólogo, pesquisador e autor já nos indica que *Por dentro das equipes* é uma contribuição valiosa para profissionais e estudantes interessados em compreender o desenvolvimento de equipes de trabalho e a atuar nessa área. A leitura das experiências e das reflexões no decorrer dos capítulos nos apresenta, contudo, um novo papel do autor: o de contador de histórias.

Maquiagem numa empresa de acessórios automobilísticos é mais do que um *case* sobre as vicissitudes de uma empresa familiar, é uma crônica sobre o cotidiano de consultores e gestores. Contro nos leva a compreender os limites e as (im)possibilidades de promover um trabalho sem a devida amplitude ou profundidade. De maneira suave e didática, nos apresenta importantes princípios éticos das intervenções com equipes de trabalho.

O tema da liderança, um clássico na área das intervenções nas instituições e organizações, é apresentado e discutido com tal riqueza de detalhes que por pouco não sentimos as cores e os sons do "grande salão de cursos e treinamentos de uma grande empresa". A aprendizagem sobre a aplicabilidade de métodos de ação para esse tipo de trabalho é uma decorrência da fruição estética; o leitor também é levado a construir coletivamente o conhecimento promovido naquele "dia de sol".

Nas histórias complexas das instituições públicas, as intervenções e os relatos decorrentes demandam um pouco mais de referencial teórico, mas mantêm seu ritmo fluido. As breves indicações de referências a outras publicações ajudam a compreender o tempo e a maturidade necessários para a atuação nesses contextos, tão marcadamente afetados pelos desafios da implantação de serviços públicos de qualidade na nossa tão jovem e ainda frágil democracia.

As histórias que encontramos neste livro nos remetem aos nossos próprios casos, às nossas aventuras e desventuras como consultores de equipes de trabalho e, certamente, servirão de inspiração para que os iniciantes ou apenas curiosos na área se disponham a viver suas experiências com mais confiança. As pitadas de reflexão metodológica se inserem com naturalidade e se combinam com apontamentos conceituais de modo natural, sem o ranço pesado do academicismo e sem a superficialidade da demonstração técnica.

Em cada uma das histórias e nas reflexões que elas ensejam surgem delicadas metáforas, chistes, observações agudas que tornam a leitura leve e, por vezes, divertida. Por ter tido o privilégio de ler outras de suas obras e por acompanhar sua pesquisa sobre literatura, ouso afirmar que *Por dentro das equipes* é uma síntese das habilidades de pesquisador e de artista de Luiz Contro, um belo fruto de sua prática como psicodramatista. Que você, leitor, aproveite também essas histórias para criar as suas próprias e que Luiz siga nos surpreendendo nas modalidades de escrita que produz.

VALÉRIA BRITO
Psicóloga, mestre e doutora em Psicologia, psicodramatista didata, supervisora e consultora em instituições públicas.

Palavras iniciais

CONSTATA-SE UM MOMENTO histórico, em que a teia social encontra-se esgarçada, entre outras coisas, por desconstruir modelos, ao ter colhido as ineficácias de alguns dos que aí se encontram. Carecemos de alternativas. Mesmo considerando que estamos eternamente em construção, sabemos da importância de pavimentar alguns pontos momentâneos de chegada onde seja mais propício recuperar o fôlego, avaliar a trilha percorrida e por percorrer. Necessitamos agenciar novas configurações, movimentos para além das formas estabelecidas.

A velocidade dos acontecimentos nos quais estamos inseridos é um desses pilares instituídos na sociedade contemporânea. Fenômeno já há tempos constatado e debatido denota diversas vertentes positivas, entre as quais a facilidade de comunicação, a obtenção de informações, o aprimoramento tecnológico e suas indispensáveis derivações no que se refere a pesquisa e qualidade de vida.

Por outro lado, um constante fluxo ininterrupto de dados dos inúmeros campos por onde transitamos em nosso viver cotidiano talvez nos tenha feito desenvolver uma maneira de lidar com isso: na tentativa de dar conta de tudo, pegamos um pequeno pedaço de cada coisa. Se antes enviávamos cartas de algumas páginas a um número específico de pessoas, hoje escrevemos duas linhas e as enviamos para centenas de "amigos" adicionados. Se antes, numa sociedade mais comunitária, tinha-se a oportunidade de ter algumas horas de conversa com os vizinhos, à beira da calçada, num encontro quase que rotineiro e constante, hoje marcamos dia e hora para nos vermos, pois a falta de intimidade não permite mais "chegar sem ser avisado".

Uma das consequências dessa última perspectiva da velocidade dos nossos tempos pós-modernos é que, se apenas conseguimos passar pelo outro, inevitavelmente a profundidade com que estabelecemos nossas relações foi reduzida, seja no âmbito pessoal, social ou profissional. Neste último, e ainda mais singularmente no que diz respeito ao acompanhamento de equipes, por se tratar do mote destas linhas, há, como exemplo, uma inundação de frases feitas que tentam condensar todo o significado que se acredita ser a nova forma que se vê o mundo. Prometem-se fórmulas e manuais, num número pequeno e determinado de lições, que mostrarão como encontrar o que se procura. Nessa direção, algumas das propostas de intervenção grupal, seja para temas como liderança, motivação ou fortalecimento do grupo, entre outras, prometem giros de cento e oitenta graus em poucas sessões.

Com este livro pretendo me colocar junto daqueles que questionam o modo como se estrutura a participação nas equipes com as quais trabalhamos. Identifico-me com o posicionamento que acredita que transformações não se dão a toque de caixa. Pedem etapas e maturações. Não se referem a atos, mas a processos de educação continuada e permanente. Procedimentos pontuais e por vezes mirabolantes tendem a não fazer perdurar seus conteúdos já nas horas seguintes à sua execução.

O alinhamento das proposições aqui descritas foge ao fluxo da labuta serializada, não criativa e ausente de prazer. Como criar melhores condições para o fazer diário? Quais são os caminhos para uma oferta que busca a ampliação da autonomia, o aumento da consciência crítica, a implantação de dinâmicas mais espontâneo-criativas e menos cristalizadas? Como pano de fundo, como o trabalho, figura significativa de nossa estrutura social, pode estar mais integrado de modo construtivo e satisfatório no dia a dia das pessoas? Passam por inquietações dessa ordem as reflexões e os casos aqui transcritos.

É pertinente esclarecer que sempre que uso o termo "intervenção" o faço não tomando-o por seu sentido autoritário, resquício oriundo de nossa época da ditadura, mas pautando-me por sua etimologia – que vem do latim: estar entre, entremeter--se, meter-se de permeio, "inter-vir". Essa observação, mais do que referendar a escolha de uma denominação, realça uma postura que caracteriza a noção sempre presente neste texto: a construção dos processos com essas equipes é feita de modo coletivo. É sabido que o envolvimento e o comprometimento dos integrantes, dados pela ativa participação nas etapas, tende a garantir consistência e durabilidade mais robusta do que é produzido. De outro ângulo, o que vem de cima para baixo, mesmo que de maneira não coercitiva, é aprendido apenas de fora para dentro e leva a uma conformação menos consistente.

Mas uma contraposição a outros entendimentos sem que se ofereçam alternativas tende a se esgotar no vazio da crítica pela crítica. E como o trabalho contemporâneo, seja nas instituições ou nas organizações, em geral passa pelo arranjo dos agrupamentos, o mapeamento aqui delineado visa sinalizar rotas percorridas nesse universo. Por meio dessas trajetórias já feitas, trago sugestões de alguns traçados que imagino poderem se constituir num cartograma que amplie as opções dispostas ao leitor.

Assim, registro – e reflito sobre – intervenções que coordenei com equipes que, de diferentes formas, estavam incumbidas de promover melhor desempenho, trabalho de qualidade e atendimento eficaz a clientes ou usuários de determinados serviços. E, para serem efetivas nesse cuidado, com capacidade crítica avaliativa e na melhor sinergia entre seus integrantes, necessitavam de tempo e de espaço para si no qual também fossem cuidadas. Cuidadas para compreender o que realizavam. Cuidados que servissem de modelos para os cuidados a que se prestavam.

Antes, porém, no capítulo inicial, conto sinteticamente episódios de meu percurso profissional que estão mais diretamente ligados ao assunto que aqui desenvolvo. Um breve histórico do meu trânsito por esse território que pode servir como aquecimento para os relatos, ou ainda localizar você, leitor, nesse contexto.

No Capítulo I, já nas experiências vividas, você estará em contato com o alto grau de tensão gerado pelo processo de trabalho de equipes de telemarketing de um grande banco. Os sintomas de adoecimento, entre outros, denunciavam algum tipo de mau funcionamento que pedia intervenção.

A desmotivação recorrente foi o tema central abordado no capítulo seguinte, com uma equipe do Centro de Referência Especializado de Assistência Social (Creas): como manter o tônus do envolvimento, do comprometimento? A motivação é interna ou externa?

"Primeiros passos nos papéis de médico e dentista" narra uma prática que tenho tido com alunos de medicina e odontologia. Tomando as turmas como equipes, por termos o objetivo comum de que seu funcionamento como grupo se dê da forma mais coesa possível, cito alguns exemplos e me detenho mais amiúde num deles, como recurso para demonstrar os primeiros esboços que temos feito do papel profissional.

Sob o título "Gestão de pessoas num hospital", descrevo o acompanhamento que fiz a uma equipe de desenvolvimento de pessoas de um hospital municipal de Campinas (SP). Incumbidos de apoiar as equipes que trabalhavam no hospital, desenvolvemos e aprimoramos o papel de apoiador, entre outros diversos temas que exploramos no semestre em que estivemos juntos. Já no capítulo correspondente ao trabalho com um Conselho Tutelar, realço aspectos da dinâmica grupal a ser observados quando conduzimos um processo com equipes de diferentes contextos.

O assunto liderança é recorrente quando lidamos com o contexto organizacional. Assim, propositadamente ele foi contemplado numa intervenção realizada com equipes de profissionais de uma empresa de grande porte, destacando um viés crítico: servindo a quê e a quem?

Por um atalho próximo segue o Capítulo 8, fruto de um processo curto de intervenção numa empresa de pequeno porte do ramo automobilístico: os meandros da micropolítica organizacional necessitam de explicitação para que possamos lidar com eles. Mas a tomada de consciência só é viável quando existe real abertura e disponibilidade para tanto da parte de quem contrata o profissional que vai intervir.

Depois da exposição dessas intervenções trago, no Capítulo 9, uma reflexão sobre a relevância de um ingrediente central do método utilizado: a implantação de uma realidade suplementar, como veremos, como modo de amplificar os lugares por vezes estreitos e áridos por onde transitam grupos ou equipes.

No capítulo seguinte, teço algumas outras considerações que julgo importantes para quem se propõe a coordenar processos dessa natureza.

Por fim, as últimas elaborações pretendem estimular o debate nesse campo tão valioso, além de oferecer alguns parâmetros construídos com base nas vivências compartilhadas.

Cabe ainda dizer que, quanto à forma, tentei nestas páginas utilizar uma linguagem despida de nomenclaturas teóricas ou técnicas que pudessem alijar esse ou aquele leitor menos afeito aos balizamentos pelos quais me guio. Meus referenciais inevitavelmente estão presentes, mas creio que de maneira não hermética, para não correr o risco de afastar qualquer interessado no tema. Espero ter conseguido.

1. Fatos e fotos da proposta

É SABIDO QUE desde o nosso nascimento inicia-se o processo de inserção em grupos. Num primeiro momento por meio da família e, com o passar do tempo, nossa socialização nos apresenta outros vínculos que se agregam e se desfazem durante a vida: escola, grupos de amigos, clubes, equipes de trabalho e outros. Compartilho um sobrevoo por algumas das equipes nas quais estive inserido como integrante, restringindo-me, para não abrir demasiadamente o foco, ao meu papel profissional. Tenho claro que essas vivências me proporcionaram ingredientes significativos ao tema em questão. Tomando meu percurso como protótipo, faço um convite ao leitor para que também vislumbre o seu. Imagino que essa pequena imersão nas suas imagens poderá ser um movimento que ocasione mergulho mais intenso nestas páginas. Assim, vamos lá.

Em 1981, ainda estudante de psicologia, teve início o meu papel de professor na Escola do Sítio, uma escola infantil da rede particular de ensino em Campinas (SP). As concepções pedagógicas estudadas e discutidas em nossas constantes reuniões de equipe (entre elas a construtivista) alimentavam interlocuções com outras experiências vividas por mim anteriormente nos campos do teatro e da música, mais especificamente no tocante à criação coletiva.

Na escola, trabalhávamos com a ideia de "centro de interesse", entre outras referências. Guiando-se por esse norte, o professor fica atento ao grupo para identificar interesses comuns aos integrantes para que, com base neles, possa explorar diferentes atividades rumo aos objetivos de cada faixa etária. O aspecto grupal e os conceitos a permeá-lo começaram a ser objeto de minha atenção.

No período final daqueles cinco anos e meio, estando já graduado, passei a exercer também, depois de treinamento e supervisão com a responsável pela área da escola, a função de psicólogo. Por meio de ambos os papéis e como integrante de uma equipe, inaugurei minha participação profissional na textura das instituições.

A finalização dessa vivência se deu em consequência da necessidade de buscar outros contextos e novos desafios. Minha saída foi viabilizada na metade de 1986, quando entrei como psicólogo, por concurso, na Secretaria de Estado da Saúde (SP). Ao deparar com a demanda de um centro de saúde que me solicitava além do suporte técnico e teórico que havia acumulado na graduação, veio a calhar o curso de especialização em psicodrama que havia iniciado em 1985.

Durante o período de quase dez anos, trabalhar em centros de saúde, participar da implantação do naquela época denominado Ambulatório de Saúde do Trabalhador de Campinas (SP), compor a equipe da prefeitura do município que iniciou o convênio com o Serviço de Saúde Dr. Cândido Ferreira, coordenar e supervisionar a equipe de saúde mental do Centro de Saúde I de Americana (SP), implantar processos de planejamento estratégico e realizar diagnósticos em equipes organizacionais, entre outras atividades, ampliou meus aportes na lida com grupos e equipes de diversos segmentos.

Esses engajamentos sempre trouxeram inquietações, entre outros motivos, por dizerem respeito a tentativas de enfrentamento aos empecilhos que se colocam frente a uma condição saudável de existência. O aprimoramento constante também foi todo tempo estimulado por meu papel de professor, que, mesmo interrompendo-se no período de especialização e nos dois anos seguintes, se mantém até hoje. Dar aulas, supervisionar, orientar trabalhos, participar de bancas examinadoras, coordenar atividades e produzir textos, enfim, todos os pressupostos que envolvem uma carreira docente me mantiveram em contato constante com instituições de ensino. Minha produção escrita até aquele momento estava e continua marcada pelo interesse na conexão entre os aspectos coletivos e individuais da sociedade que é manifestada nos próprios indivíduos, nos grupos e nas instituições/organizações.

Novas intervenções, então, ocorreram, no começo de 2001 (Contro, 2004; 2006), sendo que em algumas delas almejou-se o aprimoramento do trabalho em equipe para uma melhoria nas relações entre os integrantes e os usuários do serviço em questão. Com o tempo, o formato e a abrangência dessas inserções foram se modificando e ganhando novas perspectivas: o que antes se centrava primordialmente nas relações entre os membros participantes tomou corpo e passou a incorporar os processos de trabalho por eles desenvolvidos, em torno dos quais, na verdade, as relações existiam.

A prática diária também no consultório particular, seja em psicoterapia individual ou grupal, com casais e famílias, com certeza contribuiu para enfrentar o desafio imposto pela necessidade de aprimorar o refinamento da percepção de dinâmicas relacionais, bem como para a construção de um repertório de alternativas de encaminhamento frente a elas.

Ao mesmo tempo, a vertente de uma implicação de ordem política, no sentido da busca pelas transformações compreendidas como importantes em face da nossa realidade social, mostra-se presente, permeando toda essa trajetória.

Portanto, tais fatos e fotos revelados são representativos dos motivos de meu interesse pelo tema. Apesar de uns constituírem-se mais relevantes do que outros, estão todos imbricados e mutuamente se influenciando.

Como se trata, na verdade, de um objetivo sem ponto finito de chegada, pois cada encontro revela outros horizontes, o novo passo, quase em decorrência dos anteriores, foi a procura por mestrado e doutorado em saúde coletiva, possibilitando o vislumbre de outras interfaces.

Todos esses intercâmbios evidenciaram identificações com metodologias que pretendem potencializar o trabalho grupal para que as equipes atinjam os fins almejados de modo mais satisfatório.

Depois desse período, finalizado no início de 2009, aconteceram novas intervenções com equipes organizacionais e institucionais. Algumas delas serão relatadas aqui e nos servirão como parâmetros para as reflexões e sugestões que tenho quanto ao porquê e como se trabalhar com equipes.

E você, leitor? Quais são os fatos e as fotos que revelam sua trajetória com os grupos e as equipes com os quais tem deparado? O que desses retratos o mobilizou a buscar um livro com esse tema?

2. Legitimidade para intervir

FUI CONTRATADO POR uma consultoria, há alguns anos, para diagnosticar as necessidades dos profissionais de telemarketing de um banco. Por meio das demandas percebidas com o meu trabalho, o RH desejava implantar processos de desenvolvimento e treinamento. Ou seja, não havia um pedido específico sobre o que diagnosticar, embora fosse dentro do quesito "gestão de pessoas". Utilizei-me de jogos grupais que propiciaram a emergência de temas.

Feito o cruzamento das informações obtidas com os oito grupos formados (entre operadores, coordenadores, analistas e gerentes) numa amostragem representativa do conjunto dos funcionários que se pretendia atender, percebeu-se que a encomenda feita encontrava demanda significativa para se efetivar. Noutras palavras, a premência por procedimentos que dessem conta do aprimoramento em gestão de pessoas era evidente. Chefias e subordinados foram unânimes nessa questão.

Contextualizando, vale ressaltar que, a empresa, inserida no contexto histórico do país, não estava imune a alguns dos ingredientes desse cenário. Nosso processo educacional sofreu mudanças marcantes, não contemplando uma formação de bom nível. Assim, os funcionários que iniciavam suas carreiras como operadores, majoritariamente principiantes no mercado de trabalho, apresentavam lacunas básicas em sua formação (seja em termos técnicos ou pessoais) com as quais o banco deparava. Essa foi uma possível compreensão para a "falta de amadurecimento" detectada, não só entre os operadores. Frente a isso, o desafio de treinamento e aperfeiçoamento em gestão colocava-se como urgente.

Pode-se afirmar que todos os agrupamentos partiram de uma mesma premissa geral: a missão da empresa estava voltada exclusivamente para as metas de venda, em detrimento da qualidade de atendimento e de serviço e gestão de pessoas, nas suas diversas perspectivas.

Outro ponto relevante destacado foi a carência de um processo de trabalho pautado por maior planejamento, com estabelecimento de estratégias e definição de foco, para dar conta de combater a ação restrita de "apagar incêndios". Era com essa potencialidade nos métodos que o RH poderia contribuir, que se acreditava ser possível atingir um grau maior de profissionalismo e genuinidade nas lideranças.

Ligada diretamente às constatações anteriores estava a de que os funcionários não se sentiam devidamente valorizados. Consequentemente, havia uma falta de motivação disseminada – motivo de preocupação por parte dos gerentes, com pedidos de ajuda ao RH (de quem se esperava maior agilidade e eficiência) sobre como abordar a questão, ao mesmo tempo que sugestões foram ofertadas.

A falta de integração entre funcionários de um mesmo setor, identificada também em outros grupos, revelava a premência por constituir equipes para substituir os agrupamentos existentes, nos quais a cooperação e a sinergia encontrassem espaço. Essa demanda, mais uma vez, revelava a ausência de uma gestão que tivesse como mote principal a liderança legitimada e não a chefia imposta.

Num âmbito mais geral, a não integração entre as áreas, com vários exemplos explicitados, foi outro tópico relevante que poderia servir como ponto de confluência entre muitos dos aspectos diagnosticados. Sugerimos que a melhor conexão seria por meio de uma apropriação, por parte dos funcionários de todos os níveis, das etapas de trabalho que estavam mais diretamente relacionadas às próprias funções, obtendo-se assim uma noção de continuidade, de processo. Poder delinear a importância do seu produto parcial no todo da operação e contribuir com críticas e recomendações compromete, responsabiliza, valoriza e motiva verdadeiramente. Quanto maior a integração na cadeia, mais eficiente a organização e o seu planejamento do trabalho. A troca de experiências, subproduto valioso desses espaços de encontro (como o que foi sugerido pelos gerentes), tenderia a cobrir lacunas consideráveis das demandas sobre gestão e facilitaria o estabelecimento de prioridades, potencializando, então, as ações perante as metas estabelecidas.

Matéria comum revelada ao final de todos os grupos, e por isso mesmo digna de realce, foi a manifestação da esperança de que esse diagnóstico tivesse encaminhamento e resoluções diante dos apontamentos feitos. Isso demonstrava um anseio por mudança, alimentado pela disponibilidade da empresa ao propor esses encontros nos quais os funcionários foram ouvidos. No entanto, com um levantamento de dados dessa natureza somado ao fato de já ter havido outro procedimento parecido, mas que não se efetivou na prática e nem mesmo deu retorno, corria-se o risco, ao não levá-lo adiante, de aumentarmos o grau de frustração várias vezes mapeado.

Como pode ver o leitor, esta sinopse do relatório de diagnóstico apresentada – o original é muito mais detalhado – daria elementos mais que suficientes para uma ampla gama de intervenção por parte do RH. No entanto, o gerente de RH, responsável pela encomenda de diagnóstico feita à consultoria e repassada a mim, precisava convencer seu diretor da relevância das ações que seriam implantadas, em função da liberação de verbas. Assim, fui chamado a uma reunião com ambos para apresentar esse cartograma, objetivando sensibilizá-lo para a urgência das transformações.

Depois de expor durante cerca de uma hora, o retorno que tivemos (gerente de RH, representante da consultoria e eu) do diretor foi que ele estava "estarrecido e frustrado com o que ouvia". Na sua visão, a atividade por ele criada (um único café da manhã por mês com todos os funcionários, no qual eles tinham a oportunidade de propor ideias sobre possíveis melhorias) não estava sendo aproveitada. Era como se sentisse traído por ouvir tantas insatisfações das quais não tinha conhecimento e que não afloraram nas reuniões promovidas. E o porquê de não terem surgido no espaço idealizado ele não se perguntou. Não caberia a mim ou aos outros integrantes da reunião perguntar naquele momento, mas ele mesmo, em algum instante, sim.

Começo pelo relato desse episódio por se tratar de uma situação que evidencia um ângulo relevante, presente quando há efetivação de uma proposta como a relatada anteriormente nestas páginas: a premência da contribuição de quem exerce funções de poder para a configuração da verdadeira legitimidade da participação dos interventores.

Apesar de ser um grande banco, gerador de milionários lucros, as condições de trabalho mostraram-se muito abaixo do satisfatório. E, como é comum suceder com qualquer equipe envolvida no seu específico fazer, os funcionários sabem, melhor do que qualquer outra pessoa fora do contexto, dos pontos falhos e das alternativas para enfrentá-los. Basta dar a eles tempo e espaço para que se manifestem e aglutinem percepções e conhecimentos que podem estar individualizados e dispersos.

Ou seja, lidar com equipes passa por um pressuposto fundamental: atribuir autênticas condições para que seja possível a elas se apossar do processo de trabalho, com todas as variantes aí contidas. A partir daí, quase que naturalmente, as contribuições emergem. Na situação descrita – representativa de muitas outras; algumas delas registradas mais adiante –, conviver com os meandros das equipes revelou um tipo de gestão na qual se tinha expectativa de modificação. Foi preciso um árduo esforço posterior de convencimento, por parte da consultoria e do gerente, com o diretor, para que o já feito tivesse continuidade.

Intervir, mesmo que apenas com uma equipe, pode revelar fotografias dos reais valores que permeiam uma organização/instituição que podem estar totalmente destoantes daqueles que estão expostos em letras garrafais num bonito quadro pregado na parede de entrada ou no site da empresa.

Por isso, uma proposição que almeje certo aprofundamento na identificação de pontos frágeis e a concretização de espaços coletivos onde possam surgir novas possibilidades ameaça uma gestão e os gestores que insistem em centralizar demasiadamente. Não é incomum que os próprios gestores, como no caso do diretor em questão, quando não têm uma compreensão mais ampliada do que seja gestão ou não possuem abertura e capacidade crítica suficientes para rever seus posicionamentos e encaminhamentos e para avaliar que não têm cumprido os desígnios almejados, se mostrem receosos em comprar uma oferta com essa referência. Em um ambiente extremamente competitivo, fica ainda mais difícil reconhecer e admitir que as condutas em andamento não estão trazendo resultados satisfatórios – atitude que poderia transmitir uma imagem de fraqueza ou incompetência.

Em consequência, nessas ocasiões, a não legitimidade por parte de quem está numa posição hierárquica de destaque na organização praticamente inviabiliza uma intervenção com argumento como o aqui defendido. Assim, é primordial que na fase de estabelecimento das expectativas e dos contratos, essas questões possam ser tratadas. É importante o esclarecimento do alcance de um trabalho como esse, da noção de processo, da construção como coletiva, para que, uma vez desencadeada, a intervenção possa receber o suporte fundamental para a execução de algumas remodelações decorrentes.

Quando isso não acontece ou quando se cumpre o roteiro delineado com dificuldades, como visto com as equipes do banco, os funcionários desacreditam e não se motivam diante das novas intervenções, o que já ocorria em decorrência de diagnósticos e prognósticos que não desencadearam orientações resolutivas.

Retomaremos esse assunto da legitimidade mais adiante no relato de intervenção com outra equipe. Aproveito, agora, o importante tema da motivação, em se tratando do trabalho com equipes, para compartilhar outra experiência.

3. O tema motivação numa equipe de Creas

O **Centro de** Referência Especializado de Assistência Social (Creas) é um serviço público e estatal, cuja meta é disponibilizar serviços especializados a famílias e indivíduos em situação de ameaça ou violação de direitos (violência sexual, física, psicológica, tráfico de pessoas, cumprimento de medidas socioeducativas etc.). Tenho acompanhado uma equipe gestora desse serviço ao longo de períodos intermitentes, desde 2010. Em nosso contato inicial e no esboço de contrato, ficou evidente o pedido para que houvesse um espaço onde se sentissem cuidadas (um grupo somente de mulheres). Em função das demandas sobre as quais se debruçavam, era importante resguardar momentos de apoio para que a equipe estivesse fortalecida. Nas palavras delas, resumidamente, as expectativas quanto aos nossos encontros passavam por "pensar sobre o cotidiano de trabalho", "um espaço para nos sentirmos cuidadas", "organizar as ideias", "criar uma identidade de grupo", "reordenar o serviço" e "construir o papel de gestoras".

Entre os temas que durante esse tempo trabalhamos, escolho aqui o da motivação, por permear de modo relevante o dia a dia de qualquer equipe. É sempre um desafio a ser enfrentado. E em relação ao serviço público, com vulneráveis equipes devido às periódicas alternâncias de governantes com divergentes propostas políticas, sustentar um envolvimento comprometido a longo prazo pode ser um tanto mais difícil.

Foi o que identificamos, em setembro de 2012, às vésperas de mais uma eleição municipal. Com esse pano de fundo, constatamos a predominância da desmotivação, fruto do período e de questões de outra ordem: "ausência de planejamento"; "ausência de articulação entre os serviços, na interface e internamente"; "estagnação, trabalho automático, mecânico"; medo de uma piora em função da entrada de novos gestores municipais sem visão do social"; "precarização do trabalho"; "acomodação" e "não encaminhamento das ideias propostas".

A motivação, ou a falta dela, foi o assunto dessa reunião, passando a centralizar os comentários. Fizemos uma análise desse tópico, como tentativa de nos apropriarmos dele e de obtermos maior consciência quanto às matrizes que pudessem gerar opções de enfrentamento. Deparar com ameaças no escuro dificulta a lida.

Nessa direção, surgiram observações relatando a passagem por treinamentos com o intento de "elevar o ânimo da tropa", numa abordagem que preconizava ser a motivação o resultado de uma mudança na atitude individual. No entanto, como se manter motivado quando se está inserido num contexto geral de incertezas que influencia diretamente seu cotidiano profissional? Como, se num quadro mais específico, o processo de trabalho do serviço do qual você faz parte está desarticulado?

Em decorrência desses questionamentos, a equipe gerou um estado de disponibilidade para se abrir a outras perspectivas e ao final surgiu um feixe de luz: "Apesar de a estrutura estimular o individual, não podemos tomar isso como verdade. Precisamos aglutinar, coletivizar". Foi nesse tênue vislumbre que me agarrei para propor uma atividade no início do encontro seguinte.

Sugeri, então, que fizéssemos uma "viagem ao futuro". Trata-se de um jogo por meio do qual os participantes, de olhos fechados, se imaginam em situações futuras cujas referências de tempo são dadas pelo coordenador. Um exercício de projeção do desejo, no caso, voltado ao aspecto profissional. Isso porque a motivação está, sem dúvidas, diretamente relacionada com o desenvolvimento de uma atividade pela qual temos interesse, envolvimento e, consequentemente, estamos com ela comprometidos. Assim, mapear o desejo profissional de realizar determinados projetos nos dá orientações sobre por onde trilhará nossa motivação. Por ser um cartograma que mira o futuro, sinaliza os passos do presente. E aqui abro um parêntese, pois cabe retomarmos a discussão sobre a motivação ser algo intrínseco ou extrínseco. Anteriormente, creio ter dado a entender que não podemos desconsiderar as faces da conjuntura do entorno, mais geral, no qual os indivíduos e as equipes são atuantes e coconstrutores. Elas são integrantes significativas para compor o grau de motivação nos atores implicados. Mas a proposição do jogo sugerido, por sua vez, sinaliza que, simultaneamente, devemos levar em conta as esperanças e os projetos individuais e grupais na composição da resultante motivacional. É com essa conexão entre as possibilidades que o meio oferece ou que necessitam de construção e os direcionamentos dados pelo desejo/projeto dos indivíduos e grupos que teremos a dimensão da motivação gerada.

Voltando ao nosso jogo, os relatos feitos ao final ofereceram um roteiro dos desejos e interesses presentes no grupo: "Nesta viagem ao futuro, vi que fui me ligando mais à vida pessoal do que à profissional"; "Vi mudanças e um serviço mais descentralizado, com os profissionais mais em campo"; "Me vi em outros projetos profissionais". Até que uma integrante, bastante emocionada, afirmou: "Estarei viva". Nesse instante todos nos sensibilizamos e soube que ela estava atravessando uma etapa difícil de luta contra um tumor. Depois desse episódio, algumas visões foram se confirmando e outras se agregando: "Nos cuidarmos pessoalmente seria um jeito de nos motivarmos"; "Como nos mantermos numa relação mais saudável com o trabalho?"; "Como atuar nesse sentido, como gestoras e pessoalmente?"; "No começo da vida profissional eu tinha mais motivação, tínhamos um grupo"; "Foram minadas as organizações coletivas"; "Fomos militantes, tínhamos paixão"; "Sinto falta de alguém que olhe mais para o que estou fazendo e menos para meus horários"; "Estamos sendo cobrados por picuinhas".

Guiando-me pelo tópico que pesquisávamos (ausência de motivação) e conectando as falas, ofereci uma possível leitura do momento que a equipe estava atravessando: era como se estivéssemos nos perguntando como reencontrar a paixão no trabalho. E, ao mesmo tempo, apontávamos opções: "produzir dá prazer"; "teremos mais força se resgatarmos o senso coletivo". Sendo um grupo de profissionais já com boa experiência, a etapa de vida era outra. Estava ausente a energia do militante que tudo abraça, mas se evidenciava a capacidade de refletir, avaliar e compartilhar caminhos já trilhados.

O grupo confirmou essa compreensão e pôde vislumbrar uma proposta: "Que tal escrevermos um livro contando sobre o nosso trabalho? Acho que não teórico-prático, mas sim em forma de contos. Desse modo, poderíamos nos expressar mais pessoalmente". Pelo brilho nos olhos, haviam reencontrado um sentido prazeroso para estarem ali.

Essa foi a trajetória do tema nesse grupo, com o encaminhamento feito por eles com base nas características e peculiaridades de seus integrantes e no seu processo de trabalho. Não servirá como resposta a muitas outras equipes. O importante aqui é perceber que cada grupo, desde que se permita um olhar de frente para suas dificuldades, identificando as singularidades de suas tensões e conflitos, pode alcançar com mais propriedade suas próprias alternativas. Elas serão muito mais ricas e consistentes do que as sugeridas pelas fórmulas prontas importadas.

4. Primeiros passos nos papéis de médico e dentista

A GESTAÇÃO e o aprimoramento do papel profissional, dependendo da abertura existente, pode ser um processo constante e sem fim. Sempre há o que se pode conhecer ou burilar. O caso que descreverei trata-se das pinceladas iniciais dessa obra constantemente inacabada. São os primeiros toques na tela, num aprendizado que verifica como está impressa a cor, a textura, a forma. Prenúncios de imaginação do quadro por vir.

Estamos numa faculdade, nos cursos de medicina e odontologia, onde, a partir de abril de 2013, passei a coordenar um espaço semanal com os alunos para cuidarmos de seu desenvolvimento pessoal e dos aspectos inter-relacionais inerentes aos papéis de médico e dentista. A proposta pressupõe a criação de um ambiente terapêutico no qual se pesquisa e se busca melhor compreender o entrelaçamento da vida individual e grupal com os esboços do profissional que surge. Simultaneamente, os ingredientes da relação profissional-paciente, as questões que envolvem o trabalho em equipe e as imagens projetadas, temidas ou desejadas quanto ao seu futuro papel são alguns dos temas mais específicos sobre os quais temos nos debruçado.

Por considerar que, como tenho dito a eles, "estamos todos no mesmo barco", no sentido de que estão todos no papel de alunos e, no meu papel de professor, os acompanho nessa empreitada, refiro-me a essas turmas como equipes. Mesmo porque, temos um objetivo comum: inaugurar a composição do papel pelas vias da subjetividade. Quanto melhor dermos conta dos nossos propósitos, melhor poderá ser, inclusive, o aproveitamento nas matérias do curso e a apropriação das teorias e práticas que estruturam as carreiras em pauta. Esses são os nossos desafios.

Nesse contexto, foquei com os grupos de ambos os cursos, durante alguns encontros, a relação profissional-paciente. Compartilharam, de início em subgrupos, situações vividas por eles próprios, como pacientes ou aprendizes. Levaram, ainda, relatos dos quais tiveram conhecimento via amigos ou familiares. Depois dessa etapa, cada subgrupo escolheu um dos episódios descritos e montou uma cena a ser apresentada para todos. Em cada dramatização, pudemos explorar elementos constituintes de cada tipo de relação e sobre eles refletirmos.

Nas equipes de odontologia (numa amostragem variada, pois trabalhei com alunos que estavam iniciando o curso, na metade ou finalizando-o), pudemos reproduzir e experimentar um número variado de acontecimentos que requerem posicionamentos ou estratégias a serem aperfeiçoados pelo aluno para com eles lidar: o paciente que fala em demasia, muitas vezes como sintoma da ansiedade e medo diante do tratamento; o paciente sedutor, que avança a linha que delimita o campo profissional do pessoal; a mãe excessivamente preocupada que permanece no consultório acompanhando o tratamento do filho criança; o paciente senil e confuso que pouco escuta e muito se esquece dos contratos estabelecidos; o paciente viciado em crack que tenta manipular o dentista, tentando estabelecer um pacto no qual pede que ele omita ao cônjuge as saídas da clínica para fumar etc.

Que sensações, sentimentos e reflexões são despertados nos alunos com base nessas interações? Na parte final das nossas reuniões, pudemos trocar essas vivências e suas impressões, bem

POR DENTRO DAS EQUIPES

como pensar coletivamente em alternativas frente a elas. Um laboratório para enfrentarem circunstâncias que já estão encontrando na clínica-escola e para outras situações semelhantes ou próximas que podem se reproduzir mais adiante.

Na medicina, a relação médico-paciente é ainda mais central. Não foi aleatório, portanto, que os relatos dessas turmas foram mais impactantes e sobre os quais pudemos mais nos aprofundar.

Durante a intervenção dedicada a esse propósito, houve uma incidência preponderante de um assunto específico que perpassou por diversas cenas: a frieza por parte do profissional na relação com o paciente. A constatação dos alunos (neste caso, todos do primeiro semestre do curso) foi, de um lado, de que se trata de uma defesa natural para não se envolver demais com o sofrimento de todos os pacientes – defesa que permite que o médico seja o mais racional possível, em termos técnicos, para desempenhar suas funções. De outro lado, a frieza excessiva provoca, como demonstrado nas encenações, uma falta de comprometimento que leva a muitos episódios de negligência que podem causar fatalidades.

Outra leitura dos fatos sobre esse mesmo tópico foi da presença de soberba nesses profissionais, alimentada por nossa sociedade que – hoje em dia menos – ainda glorifica a figura do médico. Eles próprios, os alunos, já sentem na pele a reação de admiração das pessoas ao ficarem sabendo que estão cursando Medicina.

Que cuidados devemos ter, durante a formação, para que não se instale tal afastamento? Uma possível resposta pôde se evidenciar ao final desta cena que emergiu de um dos subgrupos e que reproduzo:

A médica está em seu consultório com o paciente e sua esposa. Comunica-lhes que ele terá apenas mais seis meses de vida, em função de um câncer em estado avançado. Sendo um momento difícil no papel de médico, peço aos outros alunos que estão assistindo para se testarem na situação, acrescentando, retirando ou transformando o enredo para coletarmos o maior número de atitudes para que eles se sirvam de algumas delas quando depararem com fato semelhante. São as ditas pinceladas introdutórias num cenário até certo ponto recorrente na profissão de médico.

A segunda aluna que se propõe a se ver no lugar do médico retoma o episódio (que na verdade foi contado inicialmente por ela, no subgrupo, mas, num primeiro instante, foi encenado por uma colega) e faz a comunicação do prazo curto de vida secamente, despertando espanto e desacordo nos outros personagens e na plateia. Dou voz a comentários que possam melhor traduzir essas reações e, durante o diálogo com nossa aluna-atriz no papel de médica, uma emoção nela se irrompe por meio do choro. Conta que essa situação realmente aconteceu com o seu pai, médico, tendo de dizer ao próprio pai (avô da aluna) sobre sua doença terminal.

É visível a comoção que toma parte do grupo. Nessa circunstância, outro aluno começa a se movimentar para montar a dramatização de seu subgrupo, o próximo a se apresentar. Interrompo, procurando dar vazão a aquela emoção. Pergunto se a aluna que trouxe a cena de sua família gostaria ainda de dizer algo ou continuar falando sobre seus sentimentos. A resposta é não. Ao mesmo tempo, a aluna deixa transparecer certo constrangimento por estar naquela posição de exposição. Peço, então, para o grupo compartilhar situações para as quais são transportados pelas impressões ali presentes. Uma das alunas conta, bastante mobilizada, que já se formou no curso de odontologia nessa faculdade e que, no primeiro ano, faleceu uma colega de turma. Ela tem muito medo de que isso possa se repetir. Outros depoimentos trouxeram acontecimentos de mortes de amigos, avós e outros familiares.

Como podemos ver, seja na forma como a comunicação da doença foi feita – friamente – por parte daqueles que fizeram as primeiras versões da cena, seja na reação do aluno que daria início a outra, não considerando a emoção que emergira, o que temos são atitudes de defesa frente a um fenômeno que temos muita dificuldade de enfrentar. Essas posturas foram utilizadas como protótipos para exemplificarmos como pode ocorrer o processo de distanciamento que o aluno, e mais adiante o profissional médico, pode estabelecer na relação com seus pacientes.

No entanto, pudemos também construir conjuntamente uma via de acesso ao assunto: quanto melhor lidarmos, em nós mesmos, com esses temas temidos, mais desenvoltura teremos para cuidar deles no trato com o outro.

A questão da morte é um dos destacados componentes do complexo socioemocional que constitui o papel de médico, o que também é observado por Kaufman (1992, p. 22-7). Por isso mesmo, alguns dias depois da situação transcrita, deparamos com outra vivência, numa também turma de primeiro ano. Inserida no âmbito da proposição que almeja o desenvolvimento pessoal e grupal, a dinâmica executada nos ofertou este fato: um garoto de 13 anos está visitando a mãe na UTI de um hospital. Entubada, ela é sobrevivente de um acidente de carro no qual seu marido, pai do garoto, faleceu. O menino está cheio de esperança e muito curioso quanto aos aparelhos, uma vez que mantêm sua mãe viva. Passam-se algumas semanas e ela volta para casa. Em decorrência de seu quadro, precisa de fisioterapia constante. Diante do interesse do garoto e da necessidade de pessoas para a execução das muitas tarefas, ele aprende alguns procedimentos, como passar a sonda, por exemplo, e os realiza.

Quando nosso protagonista já está com 15 anos, sua mãe, em consequência do agravo de seu quadro, falece. Criado por tios e primos, ele se formou em fisioterapia, depois em enfermagem e agora cursa medicina.

Temos aqui todo um histórico de dados centrais que guiaram o garoto e ainda hoje guiam o adulto na construção de seu papel profissional. Apropriar-se de sua biografia constitutiva (embora já o tivesse feito em psicoterapias que relatou ter frequentado) perante o grupo foi de suma importância para que, entre outras coisas, os alunos mais jovens pudessem relativizar os contratempos com os quais estavam deparando pelo fato de morarem longe de suas famílias. E, mais uma vez, o tema morte se fez presente, neste caso, sendo item singular para a escolha profissional – muitos dos colegas puderam se identificar com isso.

Por essas e outras, espaços coletivos com essa perspectiva, onde a equipe pode experimentar e refletir sobre elementos significativos de seu papel profissional, têm se mostrado relevantes.

5. Gestão de pessoas num hospital[1]

No FINAL DO primeiro semestre de 2004, fui procurado por um membro da Coordenadoria de Apoio à Gestão de Pessoal do Hospital Municipal Dr. Mário Gatti, Campinas (SP), para coordenar um processo de Supervisão Institucional com o intuito de ajudá-los na atividade de apoio às equipes de funcionários que estavam implantando, denominada por eles de Apoio ao Processo de Trabalho.

A equipe era composta por uma coordenadora geral, seis apoiadores/facilitadores, uma gerente da Unidade de Saúde do Trabalhador (UST), uma coordenadora do Projeto Arte Cultura e Lazer e uma gerente da Administração de Pessoal, somando dez pessoas. Seguem abaixo os nomes dos participantes, modificados por questões de sigilo, bem como a sua profissão e papel na equipe.

COORDENADORA DA ÁREA
Nora ▸ Socióloga

APOIADORES
Andréia ▸ Enfermeira
Clarissa ▸ Médica do trabalho
Regina ▸ Enfermeira
Rogério ▸ Administrador de empresas

---

1. Agradeço a Solange L'Abbate por ter me acompanhado nesse período como orientadora de minha tese (Contro, 2009). O trabalho com essa equipe de hospital me serviu como pesquisa de campo.

Cinira ▸ Economista
Milena ▸ Enfermeira

COORDENADORA DO PROJETO ARTE CULTURA E LAZER
Mara ▸ Farmacêutica

GERENTE DA ADMINISTRAÇÃO DE PESSOAL
Lucia ▸ Psicóloga

GERENTE DA UST
Sônia ▸ Enfermeira

Os seis apoiadores constituíam duplas e eram referências para as equipes de dentro do hospital, formalizando um tempo/espaço para a elaboração de processos de trabalho.

Findada essa etapa de pesquisa/intervenção (2005), a equipe me convidou para retomarmos nossos encontros e continuamos até 2009.

O contexto e os passos iniciais

EM FUNÇÃO DO MATERIAL que emergiu do trabalho realizado, percebemos que o período de 2001 a 2004, tempo de duração de uma das gestões do município de Campinas (SP), mais especificamente na área da saúde – foco da intervenção em pauta –, mobilizou grandes expectativas de mudança diante de procedimentos instituídos de longa data.

Apesar da capacitação oferecida pela Secretaria de Saúde do município, por meio de leituras e reuniões para discutir a construção de novo modelo de atenção à saúde (desenvolver atividade de apoio com as equipes da área), creio que o desarranjo inicial provocado nos procedimentos vigentes e o nível de desafio por se reestruturar as bases de atenção e gestão até então em voga foram fatores que provocaram empolgação ("Como todo mundo, quando mudou a gestão eu estava contente"; "Era um momento em que muita coisa estava acontecendo. [...] foi uma época de descobertas. [...] Era tudo muito novo. Tateávamos, tínhamos entusiasmo"), mas, ao mesmo tempo, apreensão e insegurança ("Não sabia por onde começar. Estava muito insegura e com muitos planos").[2]

Simultaneamente a esse quadro, a equipe dessa coordenadoria estava se formando: "Não nos conhecíamos, tínhamos muito trabalho. Estava conhecendo todo mundo. [...] Faltava informação sobre o que era o hospital. [...] A confiança foi conquistada aos poucos. O trem ainda estava aquecendo. [...] Tinha de nomear as pessoas, tive de aprender sobre legislação. Alguns só passaram a compor a equipe em 2003".

Assim, a conjunção dos fatores significativos fez que a coordenadoria buscasse mais um espaço para elaborar, discutir e construir conjuntamente o papel de apoio, espaço que resultou na intervenção aqui resumidamente descrita.

Como o contato primeiro havia sido com um de seus componentes, fez-se necessário um encontro com todos para sintonizarmos as expectativas e efetivarmos nosso contrato.

As demandas relatadas pela equipe centravam-se em dar conta de três questões fortemente imbricadas: da continência para serem acolhidos e dar conta das angústias surgidas das missões que lhes cabiam (entre elas, cuidar das difíceis relações existentes entre os funcionários de um hospital de urgência e emergência, onde "tudo

---

2. Os diálogos, bem como a tese, podem ser acessados na íntegra em: http://www.bibliotecadigital.unicamp.br/document/?code=000442805&opt=1. Acesso em: 23/7/2013.

é pra ontem"), de se fortalecerem enquanto grupo num lugar protegido e da supervisão para o aprimoramento do papel de apoiador com base na prática que tinham em seu cotidiano.

Como pano de fundo, mas não com menor importância, era vital a consolidação dessa proposta executada pelos profissionais bem como a manutenção da equipe, uma vez que se tratava de ano eleitoral e não se sabia da possibilidade de sustentação do projeto num novo governo. Um quadro gerador de ansiedades.

Por minha vez, cartografar o nascimento e o desenvolvimento desse tipo de serviço de apoio num hospital remeteu-me a 2001, em minha intervenção com as cozinheiras e as copeiras. Constituiu-se num dos atos que originaram certo paradigma em minhas intervenções institucionais: realçar a atenção nos processos de trabalho das equipes demandantes, não se restringindo apenas aos inter-relacionamentos dos sujeitos que as integram.

Compartilhar isso com o grupo foi um modo de explicitar algumas das motivações pelas quais me sentia atraído por aquele projeto. Minha identificação com uma proposição como aquela era evidente, também, pelo fato de que aqueles encontros iniciais (cozinheiras e copeiras, nutricionistas e equipes de limpeza e de lavanderia) foram por mim conduzidos em regime voluntário. Relembrando, encerrei essas atividades no primeiro semestre de 2001 e em 2002 fui contratado pela administração municipal central para realizar grupos de apoio com equipes de servidores. Retornava ao hospital naquele momento, na metade de 2004, agora respondendo à encomenda.

Ou seja, os meus envolvimentos e minhas identificações, ou implicações, se davam em três níveis: afetivo, por já haver um vínculo anterior com a instituição; profissional, porque os primeiros movimentos, que me levaram a dedicar esforços nessa seara, foram (e ainda são) por acreditar que os referenciais de que me nutro são potentes para com ela lidar; histórico--existencial a permear os dois anteriores por considerar que, em minha trajetória, me coloco junto daqueles que buscam transformações das relações sociais que se mostram esgarçadas.

Restituir ao grupo o diálogo do encontro inicial com a representante e ter checado a encomenda feita com a demanda encontrada, o que acabei de transcrever acima, foi de fundamental importância para a estruturação de nosso trabalho em conjunto, embora tenha sido um primeiro passo, pois, como em qualquer outro empreendimento dessa ordem, foi preciso conferir e atualizá-lo durante toda a execução. As expectativas e a análise das implicações do coordenador, da mesma maneira, contribuem para uma maior clareza na composição dos objetivos em comum.

Nesse sentido, tomando como um extremo o pouco comprometimento (ou a pouca implicação), passando por algum grau de implicação e considerando a sobreimplicação como o envolvimento excessivo, pudemos compreender porque, numa experiência anterior, o processo grupal foi interrompido: no relato deles, com o outro supervisor integrante da diretoria do hospital, houve certa confusão de papéis. Assim, desejavam uma ajuda externa, mas buscavam alguém que já tivesse uma história com essa vivência em andamento – uma pessoa não implicada também não seria vista como bons olhos.

Caminhemos por outras peculiaridades que emergiram durante a efetivação do trabalho com essa equipe.

Processo de trabalho e inter-relações: o protagonismo como recurso

Comecemos por aspectos da dinâmica que atravessaram o grupo ao longo dos encontros, internamente e nas suas interfaces com outros agrupamentos institucionais. Quero ressaltar que em intervenções com equipes, como as que tenho descrito, muitas vezes prestamos atenção na qualidade das relações influenciando o cotidiano de trabalho. No entanto, podemos perceber que se trata de uma via de duas mãos. Procedimentos com alguma espécie de dificuldade em sua implantação, estruturação ou apropriação também resultam em tensões nos vínculos intra e intergrupais. Como essa óptica é menos explorada, vamos a ela.

Na segunda das nossas reuniões, a emoção tomou conta de Mara, coordenadora do Projeto Arte, Cultura e Lazer, em forma de choro. À medida que recebeu cuidados e pôde traduzir o significado da emoção, ela foi expressa como sintoma do não reconhecimento do trabalho sob sua tutela. Imediatamente, o restante do grupo se reconheceu no assunto, principalmente no que dizia respeito ao trabalho de apoio às equipes. Essa seria uma influência da cultura institucional a perpassá-los: o trabalho, para ter mérito, tem de ser sofrido, desgastante, duro, de resultados palpáveis ("aquele que é feito com as mãos").

No entanto, Mara até então não tinha noção de que o grupo todo convivia com essa mesma apreensão. Percebendo-o como conflito particular, sentia-se à margem, distanciando-se por medo de incomodá-los. Não tinha clareza de que estava sendo, no caso, uma protagonista, por trazer via sofrimento um tema que, na realidade, era coletivo. Por isso, não compartilhava com a equipe o prazer que muitas vezes sentia em função das ações que coordenava, pois acreditava que não teria um espaço continente para dividir.

Ao nos apropriarmos desses conteúdos simultaneamente individuais, grupais e institucionais, diminuímos a tensão entre os vínculos e favorecemos uma sociometria[3] grupal com maior sinergia, vide as palavras finais que disseram para retratar o ocorrido naquele encontro: "Abertura, alívio, necessidade de conhecer mais a Mara, oportunidade, integração".

Podemos pensar também que, associado ao fato de os profissionais se apossarem de um novo papel, de constituírem uma equipe e da premência que tinham por se fortalecer para defenderem as concepções abraçadas frente a uma nova gestão, a contaminação promovida por essa categoria de cultura instituída (ao provocar o viés quase único de mirarem o trabalho pelo sofrimento) estimulou uma visão muitas vezes autorreferente: o grupo olhando para si mesmo.

Ao vislumbrarmos esse enredo aprisionador, foi possível abrir o ângulo, nos voltar para fora e nos defrontar com os momentos de prazer. Assim, outro panorama viável e novas práticas transformadoras se estamparam: "O trabalho com equipes de referência é muito bom"; "Os analfabetos aprendendo a ler e escrever, se interessando pelo computador, é demais!"; "Os funcionários da UST criando programas de prevenção, visitando famílias nos lares é muito legal!"

Foi possível não só criar mais condições de integração de uma componente no grupo como também notar melhor a equipe em suas interações prazerosamente produtivas com outras.

---

3. Termo da seara do psicodrama que diz respeito, grosso modo, ao mapeamento que se tem de aspectos da dinâmica grupal. Por exemplo, das forças de atração e repulsão ali presentes tendo em vista determinado critério de escolha entre os integrantes.

Para isso, como estratégia de intervenção, novamente um jogo simples foi ofertado[4]. Uma cadeira retratando o grupo foi posta no meio dos participantes em roda, para que eles propusessem alternativas para o excesso de demanda do qual se queixavam. Isso os motivou, aqueceu-os para que pesquisássemos o assunto que emergiu: o não reconhecimento do processo de trabalho de que se ocupavam, que se configurou como protagônico a partir do instante em que o restante do grupo se viu representado na emoção de Mara e no componente institucional que ela denunciava.

Aproveito para realçar este aspecto importante da proposta com equipes: o fato de abordar o fenômeno protagônico. No caso em pauta, a desarticulação apontada entre os vínculos deixa de ser somente intragrupal e passa a ser reconhecida como institucional ou organizacional. Mara denuncia, pela perspectiva individual, dificuldades de integração no grupo, mas, também, torna-se porta voz e protagonista de uma dinâmica impregnada na rede de relações da instituição onde o grupo encontra-se inserido. A protagonização, conclui-se, contribui para que, simultaneamente, se pesquise dimensões individuais, grupais e institucionais/organizacionais de um mesmo tema.

E, justamente por conter tal potência, essa ocorrência pode ser concretizada – para que com ela possamos lidar – por meio de diversos recursos: imagens construídas, uma emoção ou um episódio do interesse da maioria, um personagem que se pede para o grupo construir, pela identificação de uma ruptura ou tensão no fluxo criativo da equipe. No trabalho que descrevo, o

---

4. A ideia de ofertar é que o coordenador, como integrante do grupo, também pode oferecer ou propor temas a serem explorados com base em suas percepções, ao invés de sempre esperar que eles emerjam do restante da equipe.

movimento protagônico[5] foi instrumentalizado novamente em várias outras reuniões. Como exemplo, na quarta reunião, as dificuldades individuais de Milena foram conteúdos que denunciaram as tensões inerentes ao papel de apoio; na quinta, os sintomas físicos comuns, sinais de cansaço, desencadearam a percepção de que estavam no limite de suas capacidades para abraçarem algumas questões do hospital; na oitava, viram a analogia feita pelo próprio grupo de que a insegurança trazida por Milena era uma outra face da insegurança que estavam vivendo frente a mudança de governo que estava por ocorrer.

Portanto, destaco que, com o passar dos encontros, a apropriação de um acontecimento como protagônico, por parte da equipe, vai se tornando possível. Aos poucos, os participantes ganham mais autonomia, aprendendo e incorporando ingredientes do método, o que os leva a obter melhor compreensão das circunstâncias que influenciam seu processo de trabalho.

Por ter retomado o trabalho com a mesma equipe dois anos depois, em setembro de 2006, e ter dado continuidade a ele até 2009, pude trazer novas constatações às cenas relatadas que têm relevância sobre o que pretendo acentuar: a influência de algum tipo de desarticulação do processo de trabalho ou do projeto estabelecido no comprometimento da dinâmica no interior da equipe. E, muitas vezes, interferindo também nas relações com outras equipes pertencentes à mesma organização ou instituição.

Tempos depois, Mara colocou novamente em xeque o programa sobre sua tutela, reconhecendo não ter muita clareza

---

5. Refiro-me aqui a qualquer posição do processo, desde seu surgimento, ainda incipiente, por meio de somatizações, uma das possibilidades, passando por sua estruturação um pouco mais delineada até sua incorporação via um personagem criado pela equipe.

sobre como conduzi-lo. E, de modo bastante semelhante ao que ocorrera em 2004, esse fato ressoava em outro capítulo dos contratempos de sua integração na equipe.

A saída que vislumbrei foi propor uma sugestão de encaminhamento para a situação e ela se deu com base em uma lembrança: ainda durante a faculdade, estava de férias em minha pequena cidade natal com um grupo de amigos e, mesmo tendo nosso tempo ocupado com esportes e a roda de violão noturna, sentíamos falta da vida cultural que quase todos estávamos desfrutando nas cidades onde estudávamos. Então, nos entusiasmamos com a possibilidade de criarmos uma Casa da Cultura, em Adamantina (SP). Resumindo a história, em pouco mais de um mês estávamos orgulhosamente inaugurando-a, promovendo uma semana inteira de shows musicais, teatrais e exposições de diversas manifestações artísticas. Felizes com nossa conquista e terminadas as férias, voltamos aos nossos estudos... e a Casa da Cultura sobreviveu apenas mais alguns meses. Avaliamos que, infelizmente, não havíamos envolvido os moradores e os artistas da cidade na criação e execução do planejado. Apenas lhes demos a oportunidade de se mostrarem artisticamente.

Transportando essa experiência para o empreendimento "Arte Cultura e Lazer" do hospital, concluímos que se as áreas integrantes da instituição não gerassem conjuntamente a iniciativa, ela se restringiria sendo apenas de Mara e, por mais interessante que fosse, correria o risco de esvaziar. Tendo a equipe se conscientizado disso, pudemos dar mais um passo para que Mara reconhecesse seus parceiros de elaboração coletiva da proposta, no próprio grupo e nas demais áreas por onde era implantada.

Essa minha recordação poderia ter sido simplesmente afastada de meus pensamentos caso fosse enquadrada como intrusa por tratar de elementos de minha vida pessoal que poderiam tirar minha concentração daquilo que estava sendo trazido pelo grupo. No entanto, aproveito para refletir sobre mais esse indispensável recurso com que se municia o coordenador: sendo concebido como mais um integrante do grupo, inevitavelmente os acontecimentos que ali se dão também nele vão refletir, provocando sentimentos, reminiscências, reflexões. Assim, poder partilhar com a equipe algumas dessas ressonâncias mobilizadas pode servir como instrumento de acesso ao assunto que é explorado, como ocorreu no caso registrado.

Além de perceber que o tema pesquisado traz estímulos deste ou daquele teor, cabe ao coordenador avaliar se será adequado trazê-los e se seria pertinente explicitá-los assim que surgem. E o critério que o norteia na necessidade dessa filtragem pode ser representado numa pergunta: no que o meu compartilhar pode contribuir para a construção conjunta que estamos realizando? Ao se fazer esse questionamento, algumas compreensões sobre o conteúdo do momento podem se abrir.

O procedimento descrito também serve de protótipo para exemplificar o movimento constante que se pede ao coordenador, de entrada e saída do enredo que está sendo tecido. Por vezes, é premente que ele esteja inserido, sentindo o pulsar do grupo como se fosse em seu corpo; noutras, que faça um recuo para que possa, numa atitude mais solitária, refletir, perguntar-se ou dar-se conta sobre as reverberações provocadas e avaliá-las, como vimos.

Voltando ao hospital, um terceiro momento de avanço no entendimento quanto à inserção de Mara nessa equipe e nas outras em que participava, bem como de melhor delineamento do projeto em curso, aconteceu no planejamento para 2009 produzido pela área. Pela primeira vez, uma missão e suas diretrizes decorrentes se efetivaram de modo mais claro, fazendo o Arte, Cultura e Lazer se integrar mais às transversalidades da gestão, produção de saúde e ensino. Observe que o mesmo efeito de protagonização encontra-se presente: Mara pôde se apoderar de seu fazer, e, ao mesmo tempo, a equipe estruturou melhor sua proposta.

Ou seja, o processo de trabalho, por vezes permeado por acontecimentos que anuviam sua apreensão, podem promover sofrimento; noutras vezes, se não gerado coletivamente, corre o risco de não ter legitimidade.

Alguns modos de efetivar o desenvolvimento de um papel

Outra peculiaridade significativa para a qual essa experiência realizada me chama a atenção é a que demonstrou modos de efetivar o desenvolvimento de um papel: no caso, o de coordenador de equipes, ou de apoiador, como denominado por eles. Em nosso terceiro encontro, aproveitando a insegurança despertada nos membros da equipe pelo fato de Clarissa estar prestes a sair de licença por um mês, sendo que era uma das pessoas que tinha mais facilidade para o desempenho do referido papel, propus algumas questões para reflexão e construção de referências com base na prática cotidiana que tinham.

Essas interrogações tiveram três eixos centrais: esboçar o papel de apoio; eleger o que, individualmente e enquanto equipe, precisariam aprimorar para se aproximar desse perfil e estabelecer procedimentos e caminhos para tal aperfeiçoamento.

É importante visualizar etapas de apropriação, experimentação e criatividade, no e do papel, como as ações que se intercalam na permanente construção. Entendendo a insegurança causada pela futura ausência de Clarissa (informo que se revezavam no apoio, em duplas) como mais um sintoma das dificuldades frente a um papel novo que estavam vivenciando, nos restringimos à fase do apropriar, identificando, em seguida, quais eram e como fortalecer os atributos e posicionamentos faltantes em relação ao contorno desenhado, para que fossem utilizados nas situações do cotidiano.

Esse grupo, no momento do processo, estava precisando de modelos para se referenciar, de ofertas para construir e desenvolver o papel de apoiador. Não por acaso, a saída momentânea de um de seus membros que municiava esse parâmetro foi ameaçadora, assim como não foram fortuitos os relatos pela premência por mais prática e supervisão.

Um dos aspectos dignos de nota, emergido dessa reflexão em função dos conteúdos abordados, foi eles terem percebido mais um dado da micropolítica institucional no qual estavam inseridos: complementavam a demanda "urgente e emergente" ao saírem atuando pelo outro e não em prol dele, ou seja, não cuidavam para florescer o papel de gestor com os coordenadores de equipes do hospital, mas fazendo por eles.

Tomar consciência desse fluxo que atravessava o grupo – do tema por vezes protagônico – foi fundamental para que pudéssemos lidar com ele. Transformá-lo ou não complementá-lo era permitir sua participação nos vínculos estabelecidos com maior criatividade; era provocar novas maneiras de se relacionar, não só no interior da equipe, mas, quem sabe, disseminando-as pela rede organizacional ou institucional. Estava posto o desafio.

Por outro lado, essa mesma tomada de consciência já denotava um avanço na direção de o grupo não permanecer focado em si mesmo, pois sua percepção foi ampliada ao se ver no contexto da instituição. Sinalização concreta disso foi a imagem criada como analogia dessa dinâmica em pauta que estavam complementando, por exemplo, na interface com a equipe da farmácia: "Um grupo mamando numa 'tetona' e sempre reclamando".

As imagens pedidas ao final do encontro, com o objetivo de sintetizar elementos significativos que concebemos conjuntamente, reafirmaram o tom de mudança: "Pessoas se revezando para dar conta do andor. A procissão continua"; "A árvore que respira tranquila, mantendo seu ritmo"; "O céu azul. Deu uma clareada. Perdi um pouco do medo".

Posso dizer agora que nos debruçamos sobre o desenvolvimento do papel de apoiador para não repetir o andor do escravo, aquele que faz pelo outro.

Outra maneira de dar continuidade à depuração do papel de apoiador aparecerá na reunião seguinte, a quarta. O grupo iniciou estimulando Milena a levar os contratempos por ela vivenciados em seu trabalho de apoio com a equipe de nutrição. Em determinado instante de sua exposição da situação, Milena diz não ter se sentido ratificada pela equipe, o que provocou surpresa: "Só estamos sabendo desse episódio agora".

A partir daí, o assunto, por um lado, generalizou-se e ganhou o contorno da "tensão do papel de apoiador desses grupos de referência", pois a circunstância singular foi, mais uma vez, sendo percebida como representativa do processo de trabalho deles, equipe, e, na verdade, recorrente pela premência em burilarem o papel de apoio.

Desse modo, a temática inicialmente trazida por eles ativou e aqueceu o afloramento protagônico. Foram os movimentos iniciais de sua constituição.

O tema ganhou amplitude, mas concomitantemente demonstrou face particular: a demora por se construir uma relação de confiança no papel de apoiador com as equipes que apoiavam.

Particularidade esta que só foi possível perceber ao entrarmos em contato com sua constituição específica no grupo: o acontecimento, reconhecido por Milena e pelo próprio grupo, de que ela não foi respaldada pela equipe em suas adversidades com a área da nutrição. Assim, mais uma vez o individual, o grupal, o intergrupal e o institucional encontravam-se ali, condensados no mesmo momento. Qual caminho de continuidade escolher? Existia a viabilidade de instrumentalização, via Milena, por meio de uma cena, da exploração/pesquisa do foco eleito pelo grupo.

No entanto, nesse ponto do encontro, tive de tomar um cuidado de fundamental relevância para sua continuidade. Apesar dos ingredientes tema emergente, cena e emergente grupal estarem explicitados, partir para a estruturação de uma cena, como forma de dar mais voz aos conteúdos que o grupo sinalizava, seria inconveniente. O participante, como ator e ao interpretar um personagem que pode protagonizar um enredo, tem de ser respaldado pelo grupo para se sentir seu representante. Essa é a origem do conceito de protagonista: o primeiro combatente, aquele que se lança na ação em nome do grupo. Por sua vez, Milena acabara de contar não ter se sentido referendada. Estávamos num momento em que o caráter grupal necessitava ser abordado, ou seja, as tensões dos vínculos intragrupais precisavam ganhar luz para que pudesse ser operacionalizadas e, assim, demonstrar alternativas de compreensão e ação sobre o individual, o intergrupal e o institucional/organizacional. Esse foi o caminho escolhido.

Assim, Milena passou a compor uma cena em que o assunto "as dificuldades para se construir uma relação de confiança com as equipes que apoiam" está presente, e também no seio dessa equipe. O vínculo a ser pesquisado é entre Milena e o restante do grupo, como um protótipo sobre aquilo que queremos nos debruçar.

Numa primeira hora, ao ver seu tema, antes percebido unicamente como a respeito de si mesma, atravessar o grupo e habitar a equipe a qual pertence, ganhando um sentido coletivo (como também vimos com Mara), contribuiu para que Milena experimentasse estar mais integrada, aceitando, agora sim, assumir o papel de representante grupal e colocando-se como protagonista.

Em cena, não mais como quem não estava se sentindo endossada, passou a adotar atitude mais proativa ao entrar em contato com seus embaraços de expressão, experimentou outra linguagem sugerida por mim e pediu ajuda. Finalmente, pôde ainda vivenciar o contato com seu sentimento, materializado no abraço, oposto ao desamparo antes preponderante.

Isso tudo facilitou para que, terminada a dramatização, conseguisse pedir ajuda de outra maneira, mais efetiva, solicitando um retorno da coordenadora sobre seu rendimento na execução de suas funções.

Desse modo, a encenação, mesmo que breve, cumpriu uma etapa importante para o desdobramento do conteúdo que surgiu. Na singularidade da equipe, foi propiciada mais uma ação na direção da integração de um membro isolado.

Ao termos a questão grupal ("as dificuldades para se construir uma relação de confiança") melhor equacionada, simultaneamente temos mais clareza sobre um ângulo mais ampliado da "tensão do papel de apoiador desses grupos de referência": a

POR DENTRO DAS EQUIPES

noção de que o ingrediente "confiança" também está presente na interface deles, enquanto apoiadores de outros grupos, e precisa ser considerado.

Mas, novamente outra perspectiva se realçou, talvez pela forte dinâmica com a qual essa equipe, nos encontros até aqui realizados, tem deparado: "Me sinto devendo, portanto, não peço ajuda, portanto, não falo o que não sei, portanto, me sinto só: 'Será que por estar participando desse grupo de desenvolvimento eu tenho de acertar tudo? Por isso, quando não sei alguma coisa, tenho de me conter no que falo?' Não podemos errar. Apoiador ou herói?"

Assim, por outra trilha retomamos o conteúdo do encontro anterior: o grupo constata que continua complementando uma demanda institucional de realizarem, com urgência e emergência, tarefas que cabem a alguns gestores – o que não está em sintonia com o proposto no papel de apoio.

Essa maneira de funcionamento com a qual lidamos na reunião é reafirmada em mais um episódio, não por acaso centralizado em Nora, coordenadora. Ao responder à Milena sobre seu desempenho, comentou: "Você precisa me dar limite, porque se não avanço, saio pedindo mais coisas..." E a equipe ri, em seguida, ao lembrar que Nora já enviou e-mail às cinco horas da manhã de um sábado.

Aqui temos mais uma confirmação de que o personagem protagônico, vivido por Milena, representou um dos dilemas significativos a permear todos os membros da equipe. Principalmente em Nora que, como coordenadora, tem um papel diferenciado em relação a sua maior representação institucional: ela também pede ajuda para o excesso de exigência que por vezes complementa e a eles repassa.

Portanto, o desafio, a que anteriormente nos referimos, de compreensão desse atravessamento institucional e enfrentamento ainda está em pauta. O papel de apoio está em construção.

Como não se estrutura um papel isoladamente, podemos conceber que o hospital, ao demandar expectativas que não se coadunam com o proposto no papel de apoio, fundamentado no pressuposto da criação conjunta, dá demonstrações de que mantém um trabalho compartimentalizado no qual cada setor se responsabiliza por sua área específica. Assim, indagações como inserir ou retirar algum integrante de uma equipe ou administrar relações de trabalho cabem exclusivamente ao RH e não ao papel do gestor da área, apoiado por essa equipe, como seria desejado num tipo de sistema menos segmentado.

Nessa cultura institucional fortemente instituída, o método que visa implantar outra atitude de conceber as relações e os processos de trabalho está em movimento, perpassando as equipes com as quais a nossa tem interface. Mas demonstra, inevitavelmente, sofrer incompreensões e resistências.

A continência oferecida pelos encontros

OUTRAS SINALIZAÇÕES SÃO POSSÍVEIS aproveitando o acontecido no quarto encontro: o fato de Milena ter se manifestado em sua insatisfação somente naquele momento não deixa de ser um aspecto revelador de que a atividade grupal que vivenciávamos foi continente para que subtextos (textos que não aparecem) pudessem se transformar em textos, por meio dos quais, então, todos puderam ter acesso e sobre eles operarem. Essa equipe incorporou nossas reuniões como oportunidade relevante para se municiar a enfrentar as situações de seu cotidiano de trabalho. Ou seja, a proposta tende a estabelecer um espaço para viabilizar a melhor percepção e apropriação do contexto no qual se está inserido, o que pode ocasionar uma participação diária mais consciente e, por isso mesmo, mais prazerosa e produtiva.

Ainda o tema "legitimidade para intervir"

Outro ponto para novamente considerarmos: o alcance da confiança e legitimidade, imprescindíveis para a efetivação do trabalho, pode melhor ocorrer quando a encomenda surge como resultante da necessidade percebida coletivamente. Assim, a minha participação no grupo foi encaminhada em função de alguns já me conhecerem profissionalmente e por ter sido com certeza uma proposição que emergiu do grupo, incluindo-se aqui a coordenadora, o que fez o respaldo para minha ação ser maior.

De outro lado, a implantação desse procedimento pela equipe com as outras do hospital, por ser uma ideia nova – naquela época – e vinda de uma equipe externa às que a intervenção se dava, carecia de um tempo de experimentação para que os próprios participantes a avaliassem e a legitimassem ou não. Foi exatamente o que aconteceu com as cozinheiras e copeiras, em 2001, no mesmo hospital, como relatado anteriormente. Por isso mesmo, por mais que tenham explicado o caráter do trabalho que realizavam, essa equipe se defrontava, no período do nosso quarto encontro, com boa dose de desconfiança da parte daqueles que participavam das atividades coordenadas por eles.

Também podemos levar em conta a questão da insegurança e da falta de legitimidade como sinais de uma visão preponderante na organização (por vezes apresentando-se como resistência, noutras decorrente de mera incompreensão), como vimos no capítulo anterior, pois nem sempre a descentralização, a maior horizontalidade e a responsabilização conjunta são bem-vindas.

Na reunião considerada, esses sintomas puderam também se manifestar pelo viés individual e grupal, com suas consequentes explicitações de certa tensão no fazer diário dessa equipe.

Como se não bastasse, na quinta reunião a interface da equipe com alguns gerentes e a diretoria do hospital se mostrou conflitante: "Existem pessoas na diretoria que são nossos inimigos. Têm posturas de, além de não valorizarem, desconfiarem do trabalho dessa equipe. Ficamos sem respaldo e legitimidade".

Somado a isso, provavam boa dose de apreensão diante do momento político porque novas eleições municipais se aproximavam (final de agosto de 2004), como já descrito por eles em nosso contato inicial, e temiam pela não continuidade da proposta.

Essa leitura de contexto foi feita ao tentarem compreender as novas manifestações sintomáticas presentes nesse encontro, de dores físicas, distúrbios de sono e cansaço a permeá-los, somadas às identificações, por exemplo, com os funcionários da Unidade de Saúde do Trabalhador (UST), de hostilidade e intrigas ou de funcionários de outras áreas que estavam deixando de participar das reuniões por terem perdido a crença na diretoria e na gestão do poder público municipal.

Percebendo existir elementos suficientes de constatação, mapeamento e contextualização dos conflitos vividos, estimulei o passo seguinte: a catalisação de alternativas de encaminhamento visando o avanço no processo de criação grupal. Isso ocorreu por meio de um simples questionamento, pois, frente a esse quadro, perguntei a eles o que fazer.

Assim, a construção conjunta teve continuidade com base nas lembranças de situações limites já vivenciadas no hospital, trazidas como analogias a essa fase ameaçadora, e de algumas imagens construídas como simbologias, representando essa ameaça ainda mais forte quanto à legitimidade do trabalho de apoio e à constituição da equipe. Como fruto: "Não queremos ficar tocando com a barriga até o final do ano. Queremos a legitimidade, o apoio, para podermos continuar apoiando". O grupo constrói, então, estratégias para uma reunião com o presidente.

A crise: rito de passagem para uma maior sinergia

ESSE MOVIMENTO GRUPAL, DECORRENTE do estímulo para a proposição, mostra uma equipe em estado de fusão, viva, consciente de suas urgências, com boa leitura de contexto e conseguindo estruturar estratégias. Isso talvez por notar a ameaça como externa (embora se trate de um integrante significativo, o presidente, de dentro da mesma instituição), o que faz os ameaçados se unirem. Ou quem sabe por terem trilhado o suficiente para se sentirem mais fortalecidos. Ou ainda, pela articulação de ambas as possibilidades. Fato é que o grupo revela, aqui, estar transitando por nova etapa ascendente na espiral da construção de uma sinergia mais produtiva.

Por sua vez, a chegada de uma nova funcionária, de perfil difícil – segundo eles – e levando uma visão de saúde mental incompatível com a proposta em andamento, foi objeto das críticas feitas ao gerente de um setor e ao presidente do hospital. Discordaram da forma inapropriada como ocorreu, fora de um planejamento comum. Essa postura demonstra o alinhamento quanto aos pressupostos que almejam relações profissionais mais horizontalizadas e uma gestão em conjunto, como o que fora acordado. Temos aqui um protótipo de como uma equipe pode funcionar mais a contento caso os valores que a permeiam sejam respeitados como norteadores de suas condutas. O desenvolvimento do papel de apoio, portanto, não se restringindo aos dois caminhos anteriormente citados, foi se dando também pela apropriação contínua das noções de não verticalidade e da democratização das relações.

Desse modo, o quinto encontro e seu posterior atestam os posicionamentos de verticalidade/formalidade, imposição política e burocracia, em choque com a busca por horizontalidade/informalidade, relações mais humanas, apoio às equipes e gestão participativa – todos conceitos inerentes a uma perspectiva que se desejava implantar pela diretoria. A verticalidade imposta, denunciada no caso da vinda dessa nova funcionária, embora presente no vínculo entre Nora e o presidente, mais uma vez foi tida como representativa de um tipo de sociodinâmica institucional.

O acirramento do embate entre esses dois gestores, trazido na sexta reunião, foi uma crise que, olhando para o cartograma do percurso como um todo, serviu como rito de passagem para outro patamar. A medição de forças e o confronto por espaços de poder fizeram que posicionamentos se clarificassem, colocando-os frente a frente e imprimindo a premência por gerenciá-los.

Apropriação do processo de trabalho

Até então, em sua trajetória de construção (sempre levando em conta propósitos expressos nas expectativas por acolhimento, fortalecimento e desenvolvimento do papel de apoio), essa equipe, inicialmente imersa em certa confusão quanto a algumas questões institucionais, trazia embates em sua sociodinâmica e

POR DENTRO DAS EQUIPES

não tinha se apossado da função e do papel de apoio. Ou seja, estava indiferenciada e/ou mais próxima de um estado de serialização[6]. Com as reuniões realizadas, a partir da sexta mais visivelmente, vai ser demonstrada uma maior capacidade de diferenciação, de singularização, de delineamento e de apropriação de seu processo de trabalho.

A sétima reunião, aliás, inicia-se com notícias de reconhecimentos externos e da presidência da instituição tendo em vista as ações que estão realizando. A maior horizontalidade na relação entre eles e o presidente foi estabelecida, fruto da discussão tida por iniciativa da equipe. O trabalho está, momentaneamente, mais respaldado, traduzindo-se num ganho institucional.

O conflito entre Nora e o presidente ainda se fez presente e, no que diz respeito à equipe, merece mais elaboração. Com esse intuito, peço que construam imagens representativas do vínculo. E as construções criadas ofereceram elementos simbólicos ricos para a elucidação do assunto.

O aspecto que estávamos explorando (vínculo entre Nora e presidente) estimulou e fez Regina entrar em contato com tema similar de sua vida pessoal que, quando trazido à tona, retroalimentou nossa pesquisa ao realçar o tópico "necessidade de diferenciação". Depois desse compartilhar (que trouxe à tona questões sobre limites, invasão, separação e simbiose entre ela e a filha), Nora se deu conta de que, embora com o afeto que ainda transitava pelo vínculo com o presidente, se sentia invadida, usada e sem predisposição para entender as atitudes dele.

---

6. J. P. Sartre, em seu livro *Crítica da razão dialética*, faz uma distinção entre grupo serializado (aquele em que há pouca coesão entre seus integrantes) e grupo em fusão (no qual a coesão é maior). Ver Lapassade, 1977.

Também na sequência foi o relato de Clarissa sobre o *show* de música por ela assistido em Brasília (fato real) como analogia ao distanciamento que é preciso ser tomado num momento de dor, compreendendo e respeitando, assim, o posicionamento adotado por Nora.

Podemos pensar que a reivindicação por reconhecimento, como afirmamos anteriormente, por tratar-se de componente referente à identidade grupal, também é atravessada por esse ingrediente da necessária diferenciação: sendo reconhecida pelo que faz, externa e internamente, a equipe se singulariza e se diferencia.

Depois de um estágio inicial de apropriação do processo de trabalho de apoio, parece que estamos vivendo uma fase grupal, agora, de final de adolescência e um princípio de vida adulta. Reconhecido pelo projeto comum (apoio às equipes do hospital), o grupo distancia-se da "serialidade" e aproxima-se do estágio de grupo em fusão, com mais vida, mais sujeito de seu fazer.

Ao afirmar que "não dá para dizer que foram quatro anos jogados fora", Clarissa mais uma vez retoma o assunto do reconhecimento do trabalho grupal e restringe o lado conflitante à relação entre Nora e o presidente. No entanto, complementa que a tensão ainda vai pairar por um tempo e que outros capítulos virão. Ou seja, reafirmo que o grupo vem se apropriando da leitura do percurso processual em que está inserido e pelo qual é corresponsável.

"O que será que será?": titubeios do grupo e ofertas do coordenador

O OITAVO ENCONTRO DÁ continuidade a algumas temáticas, como a saída de Nora, que estava se concretizando, a percepção de que no hospital a vida está pulsando (presença de contadores de história e músicos pelos corredores e quartos) e novo reconhecimento do trabalho de apoio que realizam, agora por representantes do Ministério da Saúde.

Também como continuidade, mas de maneira exacerbada, outro elemento surge: "Como será nosso futuro? Agora que terminou o primeiro turno das eleições e o governo atual não foi reeleito, o que será de nossa equipe? Penso que temos de ter estratégias para manter esse trabalho, essa equipe. Isso me dá ansiedade..."

Algumas constatações e leituras de contexto são feitas com base nessa fala. Na sequência, mais uma vez, sugiro que encaminhemos procedimentos que possam abranger o conteúdo.

Planos começam a ser pensados para atravessarmos essa etapa de transição política quando Milena traz a discussão para o âmbito particular: "Me sinto ainda deslocada, aqui no RH, porque não tenho a formação para esses trabalhos com grupo. Para o trabalho de apoio, especificamente".

Identificando que a fala seguinte ("se vier uma sugestão de alguém da presidência, podemos considerar..."), de outra pessoa, não deu continuidade à de Milena, que, do mesmo modo, interrompera a linha de construção do discurso que transcorria, propus que nos detivéssemos sobre o ocorrido.

Mesmo tendo assinalado anteriormente, destaco esse acontecimento digno de análise (a ruptura de um fluxo, no caso, a quebra do discurso em construção) que, por vezes, como aqui ocorreu, indica a possível emergência de um protagonismo. Assim como a emoção que irrompera na imagem que Regina construíra, Milena particulariza o tema. Se não perdermos de vista esse dado, mas o consideramos como sintoma de alguma espécie de desarticulação e o explorarmos, os conteúdos oriundos da individualidade oferecerão temperos significativos ao molho do coletivo.

Depois de dar algumas referências para Milena de que ela talvez não tivesse mesmo o perfil para o papel de apoio, mas que deveria valorizar outras atividades que desenvolvia, o grupo ficou inseguro ao relacioná-la com sua apreensão em dar conta de manter o projeto na vigência de uma nova gestão. Ou seja, foi retomado o caminho anterior depois de breve atalho. Milena, além de falar de si, nos realçara a fragilidade do momento da equipe.

A seguir, diante do titubeio do grupo sobre como conduzir o processo de estruturação da proposta de apoio para poder defendê-la, fiz algumas intervenções sob as quais quero lançar luzes, como modo de ratificar mais um dos atributos da função de quem coordena um trabalho com equipes.

Foram três ofertas ou encaminhamentos feitos buscando melhor direcionamento: que apontassem quem, entre eles, seriam os responsáveis pela operação de registro de suas proposições, com prazo a ser seguido; que estabelecessem prioridades e buscassem discernir o que era preciso encerrar ou se manter naquele final de gestão; e, por último, combinamos que fossem tarefas que cumpririam e cujos resultados nos trariam na próxima reunião. Estávamos perto de uma mudança de governo e precisávamos "organizar a casa" para receber novos integrantes, passando a mensagem de que valia a pena manter o que estava sendo feito.

Essas sugestões do coordenador são subsidiadas pelo princípio da criação coletiva que o considera mais um membro do grupo, sujeito, assim, a também introduzir questões propositivas.

Além disso, lhe cabe oferecer alternativas nos instantes em que o titubeio é lido como sinal de falta de modelos, ou seja, produzir parâmetros quando a hesitação é improdutiva. Nessa mesma linha, como também observado por Campos (2000), o tempo do processo de pesquisa e maturação de alguns assuntos grupais por vezes não é o mesmo que envolve as premências de gestão. Portanto, há de se encurtar distâncias para equalizá-las.

Avaliação como mais uma forma de se apropriar do processo em curso

SOBRE A AVALIAÇÃO DESSE período de oito encontros realizados, podemos observar pontos de confluência que confirmam alguns aspectos importantes trabalhados até então.

Comecemos pelo aprimoramento do papel de apoio que era executado no hospital. Naquela ocasião, era uma nova atribuição também para os servidores. Não tinham clareza da profundidade da ideia, mesmo os mais experientes em lidar com grupos.

Aos poucos, se apossaram da noção de não endossar aquilo que até então postulava a cultura institucional, de que o papel do RH seria resolver alguns entraves pelos gestores em vez de capacitá-los.

Ganharam maior capacidade de elaboração dos aconteci-mentos presentes na prática do processo de trabalho (violência das relações, figura do herói, sociometria grupal e fortalecimento da equipe), o que, por sua vez, permitiu uma ampliação de leitura dos contextos grupal, institucional (micropolítica das relações de poder interferindo na "desumanização das unidades, no sofrimento psíquico dos servidores, na má qualidade do atendimento na assistência") e social (conjuntura política municipal: "Este espaço ajudou a enfrentar este contexto geral").

Por fim, as expectativas iniciais, de maneira geral, foram colocadas como mais do que contempladas, mas como superadas, indicando que nosso processo estava sendo proveitoso e caminhava numa direção produtiva.

Novos delineamentos
do papel de apoio

DE SEU LADO, a característica mais marcante da oitava reunião foi dada pela potencialização do assunto "transição de governo e suas reverberações no papel de apoio neste hospital".

O final da etapa eleitoral municipal, vencida por partido divergente daquele que estava no poder, estabeleceu uma fase de transição em que os funcionários, no geral, mostravam-se apreensivos quanto aos rumos que seriam traçados. Isso fazia os últimos dias daquela administração apresentarem um aumento da intolerância, do cansaço e da agressividade, filhos do desgaste emocional[7]. Consequentemente, "Os gerentes estão mais agressivos. Fica difícil apoiar assim".

Exploramos esse enunciado, pois ele trouxe à tona, mais uma vez, as dificuldades no papel de apoio que poderiam ser abordadas.

Propus que cada um se imaginasse no lugar de um gerente, na circunstância de buscar o apoio da equipe para que frisassem os impasses que estavam enfrentando. Em seguida, que cada um

---

7. Retomo mais uma vez dados de minha vivência posterior com essa mesma equipe para oferecer uma espécie de parâmetro. Em dezembro de 2008, o hospital passou novamente por uma transição da administração municipal, mas com uma diferença significativa: manteve-se o partido e o prefeito. Os funcionários, no geral, identificando que conviveriam com o já conhecido, apresentaram desgaste bem menor. Mais especificamente sobre o trabalho de apoio, ele já estava mais sedimentado e incorporado, não só pela equipe, mas nas interfaces em que ela atuava, o que também gerava menos ansiedade.

escolhesse um objeto da sala, tomasse o lugar dele e observasse, com distanciamento, as cenas criadas ou reproduzidas.

Como resultado, foram feitas novas constatações. O fato do supervisor/coordenador anterior da equipe ter sido alguém da instituição foi avaliado como negativo, pois, nesse caso, "o administrativo estava misturado com a supervisão". Tal fala nos remete aos tipos de envolvimento possíveis (ou suas implicações) da parte de quem coordena que, mesmo quando não se trata de um membro da equipe, mas da mesma instituição, demandam cuidados redobrados.

Por sua vez, a queixa de estarem se sentindo o grupo Catadores Oficiais de Merda (COM) fundamentava-se no cenário eleitoral descrito, um dos fatores a desencadear o clima tenso daquele período, e ainda na incompreensão do trabalho de apoio por parte de alguns gestores e membros da diretoria: "O apoio é só 'catar a meleca'? Ser saco de pancada? Depósito? Não estão com expectativas de construção. Muitos vêm despejar, resolver para eles. Vira inoperância".

No entanto, como creio que é fundamental fazer que as equipes evoluam das constatações e queixas e se mobilizem por possíveis saídas transformadoras ("Não importa o que fizeram comigo, mas o que eu faço com o que fizeram comigo"), mais uma vez fiz minha fala na direção do encaminhamento: "Diante disso, o que é necessário que façam?"

Deram conta, então, que no início do desempenho da função foram abertas muitas possibilidades de ajuda com pouca clareza (pois também não a tinham) quanto aos critérios para o estabelecimento do contrato, tais como o fortalecimento das equipes e dos gestores, para que eles ampliassem cada vez mais a percepção para lidarem com seus processos de trabalho. Por ter existido essa oferta quase sem limites, passaram a ser depositários de toda sorte de demanda, estabelecendo uma relação de dependência e não de construção de autonomia.

Daí que as alternativas de resolução levantadas giraram em torno de "colocar limites de forma respeitosa", "delegar a quem é de direito (diretoria, por exemplo)".

Enfim, diante da urgência por se posicionar nesse contexto, ou por elaborar um "pacote de estratégia de sobrevivência num ano eleitoral", o papel de apoio pôde ganhar, mais uma vez e por outra trilha, novos e melhores delineamentos em sua conformação.

Duas semanas depois, mesmo ainda persistindo indefinições na ocupação de cargos da instituição, o empenho declarado do presidente em tentar manter, com o novo governo, a composição da equipe e a continuidade do trabalho que realizavam somado ao episódio do grupo ter duas integrantes (Regina e Clarisse) como coordenadoras temporárias da área a substituir Nora foi tranquilizante. Foram novos fluxos institucionais a atravessar a sociodinâmica grupal. Outras áreas também deram retorno positivo, como a UST, onde o clima agora era de cooperação.

Acredito que por termos nos encaminhado ao fim de uma gestão, ao final de um ano e nos aproximarmos do término do processo de acompanhamento que eu estava realizando com eles, justificam-se as avaliações espontâneas que o grupo empreendeu no décimo encontro. Com isso e com nossos propósitos, trata-se de uma variável marcante: a equipe estava se apoderando de um ciclo que se completava. Estava mais fortalecida e com maior autonomia, com o papel de apoio sendo exercido com maior propriedade. E, para a minha satisfação, essas conquistas foram atribuídas, em boa parte, a essas nossas reuniões. Fala da ex-coordenadora da área, ao se referir à sua substituição: "Existe uma autonomia na equipe. Está diferente do começo, das duas primeiras férias que tirei".

POR DENTRO DAS EQUIPES

As ressonâncias da sociometria grupal no processo de trabalho

COMENTEI, NO ÚLTIMO ENCONTRO, que nosso trabalho havia se concentrado bastante nos aspectos internos do grupo, parecendo não haver necessidade de uma exploração mais acurada na interface dos apoios que realizavam, sendo que era uma das encomendas contratadas. Observação dessa natureza é sempre pertinente, pois checar o contrato feito e as esperanças iniciais levantadas com o andamento do trabalho é primordial para um ajuste de rota ou uma confirmação do trajeto.

Mas, logo em seguida, consenti com as contra-argumentações avaliativas que o grupo construiu: a melhora na sociometria grupal foi um dos ingredientes para o fortalecimento da equipe e, ao mesmo tempo, repercutiu no aperfeiçoamento do processo de trabalho interno ("Reclamávamos entre nós que não tínhamos tempo para discutir os casos, mas, à medida que nos afinamos, conseguimos discuti-los no dia a dia"). Do mesmo modo, foram provocadas ressonâncias na ação de interface que desenvolviam, como relataram na equipe do Centro Cirúrgico: "O fortalecimento da equipe foi o principal. Isso repercute no nosso trabalho com os grupos".

Posto de outra maneira, mesmo considerando que adversidades na estruturação ou na condução dos fluxos do processo de trabalho podem levar a tensões nas relações de um grupo, como ressaltamos páginas atrás, não devemos minimizar o valor da via complementar e simultânea, que se inicia na dinâmica relacional construtiva entre os membros de uma equipe e vai influenciar beneficamente nas potencialidades do cotidiano dos trabalhadores.

E as reverberações geradas por esses dois sentidos dizem respeito, nessa equipe, primordialmente, ao burilamento do papel de apoio: "Os apoios com as outras equipes, acho que estamos dando conta. Descobri que, nesse espaço, aprofundei o apoio que fazemos com os grupos. Descobrimos uma forma de apoiar muito mais valiosa e densa. Não é nem de perto o apoio que eu pensava em fazer com as equipes".

Confirmaram, ainda, a compreensão de que o acontecido entre Nora e o presidente serviu como ritual de passagem para uma maior apropriação do papel de apoio: "Esse espaço clareia o que é o apoio. Esse processo, a crise da Nora, me deu clareza de que quero ficar no hospital. Quem come a carne rói o osso".

Também reafirmando o incidente entre Nora e o presidente como fundador na construção do projeto de apoio, e para registrar novamente um dos cuidados aprendidos em nosso espaço para o desempenho desse papel (exercitar a leitura da micropolítica das relações para não complementar dinâmicas destrutivas), temos: "Teve outro ganho que foi a 'misturança'. O que é nosso e o que é do outro. O auge dessa crise foi a saída da Nora. Teve horas em que nos misturamos com o sentimento dela ou do presidente. Ficou esquizofrênico, mas nos 'desmisturamos'"; "Na supervisão passada aprendi a dar apoio e também colocar limite, diferenciar o que é meu e o que é do outro". Aprendizado que pôde ser extrapolado para a interface com outras equipes: "Aprendemos a fazer isso com outras situações no dia a dia de nosso trabalho. Levamos essa experiência para lá".

Outra peculiaridade importante que assinalaram dessa vivência de aprimoramento do papel em questão foi ela ter sido edificada coletivamente: "Concordo que esse espaço é fundamental para trocar ideias, reflexões sobre nosso papel. Nosso apoio veio crescendo. Esse espaço ajudou a refletir sobre o porquê de estarmos apanhando, ajudou a definir o papel".

Como os papéis, numa mesma pessoa, não se colocam paralelamente uns aos outros e não existem isoladamente, mas se interpenetram exercendo mútua influência, seja por complementaridade, ressonância, contaminações, estimulações, transferências etc., questionei-os se os resultados dessas nossas reuniões poderiam ser percebidos noutras atividades que não a de apoio. Responderam que identificaram reflexos favoráveis nos estágios que ocorrem no hospital, dos quais alguns deles eram responsáveis; no projeto Arte, Cultura e Lazer e no Conselho de Saúde do hospital.

Enfim, além de terem conquistado maior autonomia, principalmente em relação ao trabalho de apoio, o que vivemos até aquele instante no espaço, ao compartilharmos experiências do próprio grupo, serviu também como um laboratório para que reproduzissem o que arquitetamos como modelo, sempre aberto, noutros espaços institucionais por onde transitavam.

Sociodinâmicas imobilizadoras: a necessidade de discernimento

COMO UM PROCEDIMENTO DESSE tipo nunca se dá de forma linear, retilínea e uniforme, no final de novembro de 2004 deparei com a equipe num estado diferente. A saída de Nora, figura central na equipe, provocou sobrecarga e desarranjos. Houve acréscimo de funções para as duas integrantes que passaram a substituí-la, sem a incorporação de nenhum novo membro. Tínhamos aqui um novo papel dividido entre duas integrantes que o assumiram para não deixá-lo vago e não correrem o risco de vir alguém de fora não alinhado com a proposta da equipe.

A repetição de fatos inerentes à etapa de transição política a cada quatro anos comprometendo o trabalho a longo prazo, a violência detectada em algumas áreas (na lavanderia, um carrinho de roupas foi jogado em cima de outro funcionário), o quadro de funcionários reduzido devido a férias e licenças e as demandas características de um hospital que lida com urgências e emergências foram também apontados como desencadeadores dos sintomas de cansaço e falta de motivação. Mesmo com algumas falas ponderando a sensação de impotência por meio de verbalizações de avanços ocorridos e de reconhecimento do trabalho, o grupo lamentava mais uma vez o não entendimento para com o apoio que realizavam, quando, exemplificando, as áreas contempladas depositavam sobre eles expectativas de resoluções que elas mesmas deveriam se ocupar.

No entanto, diante da sugestão de que realizassem uma avaliação mais estruturada das áreas que apoiavam para que checassem mais efetivamente essa incompreensão, reconsideraram suas queixas ao justificarem a existência delas em face do momento de fragilidade em que se encontravam. Assim, essa simples proposição trazida pelo coordenador fez o grupo ir para mais perto da realidade dos acontecimentos.

Perceber esse estado de fragilidade foi importante para a equipe se ajustar melhor à noção do andamento do processo de trabalho, retirando algumas contaminações das leituras até então feitas. Novamente admitiram tratar-se de um transcurso lento de mudança de cultura institucional e, mesmo assim, já existiam frutos e reconhecimentos dos funcionários e das equipes que apoiavam (houve a descrição de diminuição de licença médica numa das equipes a partir do instante em que se iniciou o trabalho de apoio, como exemplo), além de mais um retorno positivo de agentes externos – representantes das instituições que faziam estágios no hospital. Pelo projeto Arte,

Cultura e Lazer, os médicos estavam oferecendo e retirando livros da biblioteca.

Por sua vez, a presença de Clarissa por vontade de rever as pessoas, mesmo estando de licença, e as reiteradas afirmações de que a manutenção dessa equipe era fundamental para suportarem tantas variáveis, demonstrava que a boa integração do grupo, o fortalecimento da equipe, como vimos na reunião anterior, estava funcionando como anteparo, suporte e compensação para muitas dessas tensões institucionais vividas. Nessa mesma linha, a nova encomenda feita a mim para que coordenasse outro encontro fora do que havíamos combinado, confirma mais uma vez que nosso trabalho conjunto estava sendo efetivo.

Assim, considero que o aparentemente pequeno, porém significativo, ajuste promovido na apreciação que os componentes tinham do processo de trabalho é algo a se realçar e diz muito sobre o papel do coordenador de um trabalho como o aqui descrito. Geralmente, ao se verem no lugar de quem recebe apoio, esses grupos tendem, por vezes, a focar em suas próprias dores, distanciando-se de uma análise mais realista.

Por um lado, na particularidade do desenvolvimento dessa equipe, podemos conceber que a saída de uma integrante que foi responsável por sua composição, que assumiu o papel de coordenação da área e, acima de tudo, que recebeu a incumbência de implantar o trabalho de apoio que a equipe realizava no hospital não poderia se dar de modo ileso. A mãe estava indo embora e os filhos estavam sentindo a perda. Por esse ângulo, também foi visto o convite para que eu ficasse mais um encontro.

Coube a mim, por outro lado, não endossar o estado em que se encontravam, mesmo aceitando a nova encomenda, uma vez que sabia do que já haviam conquistado em relação ao fortalecimento e à autonomia. O empreendimento já não era mais de Nora ou do secretário de saúde. Eles o haviam incorporado e passou a fazer parte de suas convicções.

Aliás, como visto, a equipe aprendeu a não complementar (ou não se misturar, como disseram) e não estimular o modelo de apoio que faz pelo outro em vez de realmente apurar as potencialidades dos funcionários por meio do recurso da corresponsabilidade. Ou seja, não endossaram um referencial que leva a um estado de dependência. Não caberia a mim proceder diferente.

No entanto, noutras vezes, com as equipes, as queixas e a falta de incentivo estão presentes não por uma compreensão distorcida ou de um jogo, consciente ou inconsciente, mas como retrato fidedigno das dificuldades que o grupo vem enfrentando e frente as quais não tem elementos, por algum motivo, para sair dessa vulnerabilidade. Há de se discernir entre os reais fundamentos dos indícios de sofrimento, pesquisando conjuntamente, para estabelecer a melhor estratégia de intervenção. No caso em pauta, a equipe tinha ingredientes suficientes para conhecê-los (saída de Nora, repetição do ciclo de mudança de governo, violência entre os integrantes de algumas áreas, férias de funcionários). Mas, ao mesmo tempo, tinha plenas condições de não permanecer nesse estado.

Noutra perspectiva, a fase de encaminhamento merece ainda dois apartes. Diz respeito, como já afirmei, a superar o ciclo das constatações ou leituras de contexto e promover a ação perante o que se leu. Esse é um movimento que podemos oferecer nas reuniões que patinam em discussões, por vezes centradas em si mesmas, e trazem a ilusão de que a atitude resolutiva já se efetivou. Outro movimento, como veremos a seguir, o de que essa etapa propicia nova oportunidade de constituição do grupo (grupalização) e de atualização do projeto comum. Os membros de uma equipe podem até estar criando alternativas individuais frente a determinado obstáculo, muitas vezes sem se darem conta, mas ao se designar um tempo/espaço para cuidarem dessa tarefa, que passa a ser comum, se responsabilizam conjuntamente e constroem estratégias coletivas.

Aliás, no décimo primeiro encontro o expediente se deu de forma singular. Como precisamos chegar até o final do nosso tempo para fazer o ajuste da percepção distorcida existente até então, sugeri que se reunissem entre eles antes de nosso próximo contato para que se debruçassem sobre os encaminhamentos baseados no que tínhamos nos apropriado.

Também podemos compreender de que se tratava de um de nossos últimos encontros, e, por isso mesmo, talvez a recomendação feita pudesse já estar trazendo mais um estímulo para que o grupo começasse a lidar com questões dessa ordem sem a presença de alguém de fora. Afinal, a proposta aqui descrita vai na direção de promover maior autonomia e iniciativas próprias, mesmo num grupo que esteja se autoavaliando, injustamente, como dependente.

Fato é que começaram a sugerir datas para tal reunião ali mesmo, ao final da última, ou seja, estavam precisando sim de um fio terra que os conectasse, para que saíssem de uma condição de apatia e impotência e atingissem outra mais proativa. Esta ocorrência, portanto, nos reafirma a necessidade da atenção do coordenador com determinadas sociodinâmicas que promovem sensações imobilizantes.

E, endossando a importância da estruturação dessa fase e da não complementaridade com esses quadros contraproducentes, nosso encontro seguinte começou com a frase: "A última reunião foi muito proveitosa. Reunimo-nos no dia seguinte..."

A redefinição de papéis e a atualização do projeto comum

Diante das novas variáveis, é necessário se reposicionar. O encaminhamento feito depois do nosso último contato propiciou que, conjuntamente, buscassem opções para o papel da coordenação do serviço, redefinindo-o melhor entre as duas responsáveis. Pelas notícias trazidas, isso já estava surtindo efeito na melhor fluidez no cotidiano da equipe. Portanto, a fase de encaminhamento, mesmo acontecendo pós-encontro, levou a uma melhor definição de papéis que potencializaram a atualização do projeto comum – o próprio processo de trabalho em volta do qual se aglutinava o grupo.

A recorrência dos temas e a espiral da construção de alternativas: o aprimoramento do papel de apoio

A imagem trazida espontaneamente por Clarissa, ao dizer que a equipe não era mais retratada como o grupo COM, mas que "estamos no inferno e o diabo grita 'Olha a onda!' Nós afundamos para desviar da onda até ela passar e depois subimos para respirar. Logo vem outra", dizia respeito a dois assuntos que persistiram: a transição política, desde agosto (estávamos em dezembro), com suas indefinições e a incompreensão por parte de algumas equipes, principalmente a da neurologia, do processo de trabalho de apoio.

Como preocupações recorrentes podem ser sinais de que sobre elas ainda podemos vislumbrar outros aspectos, perguntei se podíamos pensar noutras estratégias para combatê-las. A resposta veio reafirmando ideia a pouco desenvolvida: "A estratégia que arrumamos no último encontro com a saída da coordenadora foi legal. Agora, estamos recarregando por meio de fugas individuais (licença, dia de folga etc). Não temos achado o caminho para recarregarmos coletivamente".

Na sequência, algumas constatações da existência de certos obstáculos ainda foram feitas até novo posicionamento de minha parte de que estávamos retomando um tema já abordado (a premência em discernir entre o que se encerra e o que precisa ter continuidade). O grupo reagiu: "Sim, o tema é o mesmo, mas a intensidade é diferente. Naquele momento foi de um jeito. Agora, acho que ele foi aprofundado e é de outro". Logo depois, as falas trouxeram à tona, em sua maioria, constatações de avanços no trabalho que realizavam.

E, naquele instante do trabalho de apoio, sobre o qual o grupo já havia se apropriado, podemos pensar que ocorria até mesmo um aprimoramento do papel: "Quando começamos a fazer o trabalho de apoio, não tínhamos a menor noção de que chegaríamos onde chegamos. Era algo não tão ligado às relações. Hoje, trabalhamos cem por cento com relações. É como olhar para um livro em três dimensões. Sempre tem outro olhar possível"; "Quando a pessoa olha e consegue ver em três dimensões é tão emocionante. Não fica julgando ou caçando culpados"; "Qualificamos melhor o olhar. O olhar em três dimensões desfoca para ver com nitidez". Se as adversidades com a equipe da neurologia foram retratadas algumas vezes até então, agora era hora de falarem dos elogios recebidos dos setores da higiene, da pediatria e do ambulatório.

Chamei a atenção para o episódio e, novamente, começamos pelas agruras e chegamos às conquistas – não mais pelo viés de um estado de fragilidade, aqui percebido por eles num trabalho desse feitio, onde o foco nas relações é imprescindível: "O bonito demora a aparecer. O que está bem não aparece. Aparece o carrinho que é jogado no outro". Eles estariam, então, reproduzindo a dinâmica instituída no interior da equipe ao se conscientizarem, primeiramente, das agruras que encontravam.

Com certeza, a peculiaridade do procedimento de que se ocupam, ao abarcarem a micropolítica das relações, não o torna tão visível quanto outro de resultado mais concreto. Por tal singularidade, seu reconhecimento é moroso, exigindo maior esforço para que seja notado.

No entanto, não sendo essa a primeira vez que mapeiam com crítica esclarecedora os pontos relevantes de seu dia a dia de trabalho (vide as análises que fizeram de si, enquanto equipe, contextualizando-se no momento político do hospital e da cidade onde se inserem), podemos afirmar que, passo a passo, foi aumentando a capacidade de compreensão do contexto em que atuavam e, por isso mesmo, obtiveram maior clareza para intervir.

A efetivação do objetivo comum como formador de equipe

Realizamos nosso último encontro em dezembro de 2004, objetivando a avaliação dos quatro anos de implantação da proposta de apoio no hospital.

Um simples jogo chamado trem da história, no qual os participantes foram se dispondo como se fossem vagões de um trem, um a um, por ordem de chegada na composição da equipe e relatando as circunstâncias individuais e institucionais daquela época, propiciou a detecção dos "novos ares" a atravessar o município: a área da saúde, o hospital em pauta, as pessoas e a equipe dessa coordenadoria. Os papéis cristalizados, pertencentes a projetos que precisavam de atualização, sofreram abalos e se reconfiguraram em função de uma nova proposição. Assim, estimulados pelo jogo, os participantes puderam melhor apreender a própria trajetória, ganhando elementos significativos para a ampliação da percepção de si mesmos e do trabalho que executavam.

Em seguida, sugeri que se lembrassem de cenas, aleatoriamente, que aconteceram no tempo transcorrido. Com base no imaginário, individual e coletivo, construímos simbologias, por meio de cenas, de onde pudemos extrair analogias, ressonâncias que nos auxiliaram no transcurso daquela reunião.

Na verdade, por ser uma avaliação, o material que emergiu validou o que fomos construindo em nosso percurso. De modo geral, asseguramos que por ser uma equipe constituída aos poucos (como vimos, alguns integrantes só a compuseram em 2002 ou 2003), responsável por implantar uma ideia que veio para se contrapor às formas instituídas de longa data e trazendo inovações marcantes na maneira de conceber o desenvolvimento e a gestão de pessoas ("era a primeira vez de uma série de procedimentos"), muito foi feito.

As incompreensões ou resistências ao novo modelo continuavam existindo. As relações entre o que já existia e o que foi trazido se expressaram em diálogos como este: "Tem algumas pessoas que vêm nos procurar e, mesmo explicando o que é apoio, eles querem resoluções mágicas: 'Você que é RH tem de punir essas pessoas'"; "Tem um descompasso na instituição de entender o que fazemos. Esperam outra coisa. Às vezes só querem legalizar o que pensam e não apoio. Pedem intervenção de punição".

Não foi por acaso que uma das cenas criadas como representação desse processo catalisou, por meio do riso geral, uma vertente importante. Estavam carregando projetores e se perguntaram: "Vamos pelo elevador ou pela escada? Elevador!" Encontraram uma pessoa que veio pedir emprego a pedido de um vereador. "Enroscou! Não adiantou explicar que era somente por meio de concurso. A porta se fechou e nos livramos dele. E aí pensamos, vamos instituir essa porta?"

Ou seja, tiveram de encontrar saídas, nesse caso, literalmente, para lidarem com as verticalidades das relações para poder vingar uma horizontalidade maior, ainda em construção.

Mesmo com um início de difícil edificação dos modelos e papéis, a equipe os incorporou e teve sucesso em sua efetivação em vários segmentos do hospital a ponto de se perguntarem: "Apesar das dificuldades que temos, do tipo de trabalho que fazemos, do apoio que realizamos, não dá para pensar no hospital sem esse apoio"; "Onde as pessoas 'desaguavam' suas coisas antes do nosso trabalho existir?"

Isso é algo bastante enfatizado na avaliação, os integrantes reconheceram seu crescimento como pessoas e como equipe no processo de trabalho: "Cresci muito com essa equipe nesses quatro anos. Profissionalmente e como pessoa. [...] É muito positiva a avaliação, tanto dos projetos quanto no crescimento pessoal. Não me vejo trabalhando fora do Mário Gatti"; "Fica essa marca dessa equipe, o tanto que a gente cresceu. [...] como processo de trabalho e pessoalmente [...] fomos clareando a proposta".

Mais uma vez, resgatou-se a saída de Nora como um dos episódios mais difíceis por eles vivido. Até porque estremeceu o

POR DENTRO DAS EQUIPES

vínculo entre eles e o presidente – campo de legitimação da proposta que é a razão de ser da equipe.

Por fim, falaram da singularidade e do ineditismo dessa experiência em RH ao conciliar apoio e educação permanente e conseguir trabalhar com gestão de pessoas "sem perder o fio entre falar de si e não perder a responsabilidade por seu papel profissional".

Enfim, vimos um agrupamento que, por meio da instalação e do aperfeiçoamento de um projeto comum, se constituiu num grupo. De grupo em série foi se aproximado de um referencial de grupo em fusão. O trabalho de apoio, inserido num processo de gestão e desenvolvimento de pessoas, foi aglutinado pelo objetivo coletivo, orientou e foi orientado pela micropolítica das relações internas ao grupo e na sua interface com a organização hospitalar.

Depois de nossa última reunião, elaborei algumas questões para realizarmos uma avaliação final, agora mais especificamente do processo de 13 encontros.

Sobre a avaliação, começo por uma autocrítica. Depois de termos percorrido, durante seis meses, um caminho no qual a marca central foi dada pela criação coletiva, sugerir que respondessem a algumas perguntas, mesmo que direcionadas e de maneira individual, fez que a elaboração das respostas ocorresse, até certo ponto, de forma incipiente. Em grupo, coletivamente, o aquecimento específico para a tarefa seria um disparador interessante, além do próprio aquecimento natural do transcorrer da atividade em função das opiniões que, divergindo ou convergindo, suscitariam novas reflexões e posicionamentos, fazendo girar a espiral da construção do conhecimento.

Além disso, outros recursos, como a estruturação de cenas e imagens, poderiam potencializar o processo.

Creio que dois motivos levaram-me a proceder dessa maneira: estarmos às vésperas do Natal, final de ano, com o cansaço evidente de todos e sem tempo para nos reunirmos mais uma vez para essa atividade específica; e, talvez o que teve maior peso, a percepção de que o método utilizado durante nossos encontros permitiu, na verdade, uma avaliação constante que atravessou todo o trajeto. Tanto que o material produzido veio a, mais uma vez, endossar constatações que já tínhamos.

No entanto, mesmo não tendo melhor explorado essa etapa como poderia, sintetizei posteriormente a avaliação em seus ângulos principais, destacando frases ditas por eles e elaborando um texto de autoria coletiva. Acrescentei poucos termos para facilitar a compreensão, transformei alguns tempos verbais para estabelecer ligações entre uma ou outra frase e agrupei temas que pareciam desconectados pela ordem em que foram trazidos. Algumas frases foram mantidas no original, reproduzidas inteiramente. O produto é uma expressão resumida, porém relevante dos acontecimentos. Estou denominando-o de "texto síntese".

Texto síntese – ser apoiado para poder apoiar

"NOSSOS ENCONTROS, COM BASE no processo de troca supervisionada, foram importantes para que cuidássemos do relacionamento intraequipe, aprofundando-o. Criando um clima propício para expressarmos e compartilharmos dúvidas, impressões e sentimentos, integramos e fortalecemos o grupo e construímos um jeito próprio de a equipe trabalhar, com mais compreensão e solidariedade, humanizando nossas relações. 'Abriu espaços de troca e confiança, que ainda não tínhamos na dimensão que precisávamos'; 'A opção da linha de apoio do processo de trabalho que reconhece e facilita a expressão da subjetividade dos grupos só se torna possível quando o grupo apoiador tem seu espaço de expressão de suas subjetividades e para possibilidade de construir sua história".

"O processo serviu, por meio da discussão de casos, das reflexões e do aprofundamento dos temas levantados, para clarear e implantar movimento à função do apoio que, no transcorrer do processo, foi se redefinindo em várias áreas e atividades e traduzindo-se em ganhos, como a ampliação e a depuração do olhar sobre os fatos, a análise de conflitos sem julgamentos, a percepção dos sentimentos envolvidos, o esmiuçar, reconhecer e construir estratégias conjuntas com o parceiro de equipe sobre as demandas com as quais deparamos, acenando probabilidades e caminhos para o dia a dia. Isso nos capacitou ao apoio, acompanhamento e desenvolvimento do papel de gestores com suas equipes com mais segurança.

"No entanto, a 'equipe ainda interage profissionalmente de forma precária. Precisamos aprofundar melhor o que significa trabalho interdisciplinar. Obs.: é preciso considerar que participei apenas de alguns encontros. Acredito que muito se avançou com a equipe nas demais supervisões".

"De outro lado, ainda quanto à questão da interdisciplinaridade, 'somos profissionais com formações diversificadas, o que ajuda a potencializar nossas ações com objetivo de apoiar as unidades em suas demandas e necessidades por meio desse trabalho em grupo".

"Por sua vez, o nosso espaço ofereceu referências para sabermos até que ponto e em quais situações podemos atuar como apoio aos gerentes e funcionários. O aprendizado, traduzido num amadurecimento individual, grupal e do processo de trabalho, nos permite transitar por diversas demandas de apoio às unidades, sem complementar dinâmicas impróprias e construindo autonomia."

Cabe nos perguntarmos, agora com olhar mais distanciado sobre o que aconteceu, se o motivo de citarem poucas vezes a qualidade do atendimento e a interlocução com os usuários dos serviços do hospital (apesar de terem feito na primeira avaliação, no nono encontro e no décimo segundo) não seria um acontecimento a retratar uma não atenção e um descuido da equipe com eles.

No entanto, tomando a dramatização na qual um dos membros do grupo se colocou no papel de um gerente de unidade ("sou uma gerente que, chorando, venho contar da crise de minha área: as mães das crianças [usuários] estão brigando com os funcionários. Não sei como lidar com isso. Nós, da equipe, construímos estratégias para ela [gerente] poder enfrentar isso. Esse é o dia a dia desse hospital") somada a uma reflexão feita por outro integrante em outra reunião ("nosso objeto de trabalho, no fundo, é o paciente"), temos que a equipe tinha consciência de que seu processo de trabalho, mesmo que diretamente relacionado com o apoio às áreas, aos gestores e aos funcionários, almejava como meta final a melhoria na qualidade do atendimento ao paciente. Fazendo uma analogia com a língua portuguesa, podemos pensar no sujeito que, embora oculto, centraliza sobre si toda a ação que se realiza ao seu redor.

Soma-se a isso uma comparação que faço com outros grupos com os quais efetivei esse tipo de ação, inclusive dentro do mesmo hospital, para responder que a equipe em questão mostrou-se comprometida e responsabilizada em seu processo de trabalho, e nele estão inclusos os usuários que, direta ou indiretamente, estiveram presentes.

Retomando o quesito avaliativo, ter dado continuidade ao trabalho, em 2006, como vimos, depois dessa intervenção, permitiu-me, no início de 2007, que eu os convidasse a nova verificação do processo. Dessa vez, o fizemos por meio de uma reflexão conjunta. Utilizo, a seguir, para condensá-la, o mesmo procedimento feito na última avaliação relatada. Por ter sido um processo de criação conjunta, minha participação com algumas ofertas compuseram, do mesmo modo, o texto coletivo.

A pergunta que nos serviu de parâmetro e aquecimento foi: "O que mudou no processo de apoio daquele começo até hoje?"

Texto síntese: novas reflexões sobre o papel de apoio – as ofertas e as implicações

"No início, queríamos essa função, mas não sabíamos direito do que se tratava. Nos primeiros seis meses, era um grande emaranhado, estávamos engatinhando. Mudamos muito, o trabalho cresceu e o apoio tornou-se mais leve, pois hoje temos maior clareza das dinâmicas das relações de trabalho e das demandas que encontramos, isto é, ampliamos nosso leque de possibilidades de atuação no papel.

"Na verdade, a perspectiva do apoio tornou-se presente em outros papéis que desempenhamos. Levamos as pessoas a refletirem, sensibilizando-as. Em vez de buscarmos defeitos, temos perguntado no que podemos ajudar, mesmo reconhecendo nossos limites, mas nos mantendo disponíveis. Ganhamos em efetividade e segurança.

"Pensar em grupo, nesse processo, foi importante para que as transformações acontecessem.

"Também houve necessidade de tempo para que ocorresse a transição para um modelo de gestão menos vertical, pois o que havia não combinava com nossa atribuição de apoio. Hoje, tudo isso se reverte numa procura mais qualificada pelo nosso trabalho, pois há um entendimento melhor da proposta, além de uma visibilidade, do ponto de vista técnico, de maior respeito e reconhecimento.

"No período em que ficamos sem um espaço nosso, continuamos crescendo, mas apenas discutíamos casos e não entrávamos em contato com conflitos internos. Além de não sabermos o que era nosso ou não nos apoios que realizávamos.

"Na verdade, nosso papel não para de mudar, individualmente, em grupo ou na nossa relação com as equipes. Uma das particularidades que estamos enfrentando e sobre a qual precisamos avançar diz respeito a quando e como ofertar. É preciso perceber o quanto queremos que o grupo avance pelo viés que achamos mais adequado, e isso é diferente de ofertar. Saber o instante de ofertar e como fazê-lo não é fácil. Perguntamo-nos se fazemos uma oferta por puro desencargo de consciência, se confundimos o papel quando damos respostas e não esperamos o tempo do grupo, se devemos fazer uma leitura de contexto em determinada ocasião. Pensando bem, talvez esta última seja a oferta verdadeira. As outras não. Por outro lado, não fazer a oferta é também se esconder.

"Outro aspecto relacionado com o momento da oferta é o fato de que quando não estamos muito contaminados pelo que está acontecendo no grupo fica mais fácil de fazê-la. Nesse sentido, não ter um apoiador do próprio grupo facilita.

"Independente de estar relacionado com o ato da oferta ou não, manejar as implicações também tem sido um desafio. Acompanhar um grupo por um longo período, por exemplo, aumenta o risco de uma sobreimplicação. Talvez no hospital pudéssemos fazer um rodízio nos papéis depois de determinadas temporadas de apoio com as equipes.

"Mas, como a neutralidade não é possível e nem mesmo desejável, o mais importante é que criemos alternativas para conviver com essas 'contaminações' que permeiam o papel de apoiador. Num primeiro passo, tentar identificar e trabalhar com aquilo que nos mobiliza. Aliás, esse nosso espaço é propício para trabalharmos nossas implicações. Explicitá-las é uma das maneiras. Caso esteja muito forte, a opção do rodízio é interessante.

"O papel de apoio é muito dinâmico. Há de se programar para executá-lo, mas temos de lidar com o que acontece no ato da intervenção. Se compararmos aquele nosso primeiro processo (2004) com o mais atual (2007), parece que recentemente podemos refinar mais, ajustar a sintonia olhando para nossas implicações: Antes a gente também 'engambelava' para não entrar em contato."

Como podemos ver, as questões trazidas nessa última avaliação realmente demonstram maior detalhamento sobre o papel de apoio. Portanto, são uma amostra de que, em 2007, ele encontrava-se mais elaborado.

Com isso, em 2008, ele ganhou em amplitude e, ao mesmo tempo, não por acaso, o processo de trabalho da equipe foi mudando. Ao iniciarem o planejamento para 2009, identificando missão e estratégias, alinhavaram com mais consistência pontos anteriormente não tão interligados. Deram-se conta de que, antes, intervinham em grupos isolados numa instituição. Depois, conseguiram trabalhar com coletivos maiores, nas interfaces, com mais horizontalidade, quebrando isolamentos, pois se apropriaram melhor da ideia de que o trabalho em saúde não depende de uma só equipe[8]. Assim, com seu tempo de maturação, o projeto implantado por eles foi dando frutos.

Nem sempre as intervenções que fazemos com as equipes acontecem de modo tão satisfatório, seja por um motivo específico ou por uma conjunção de vários. Tenho aproveitado esses momentos de "não acertos" para refletir e registrar essas experiências. Elas têm sido úteis em trabalhos posteriores que realizei, além de servirem de alerta e de possível conhecimento aos leitores com quem as partilho. Por mais sofrido que às vezes seja, continuo aprendendo mais com meus passos em falso.

Vejamos, então, alguns processos que evoluíram até certo ponto e como e por que não puderam ser executados totalmente a contento.

---

8. Um protótipo disso é o programa Ensino e Serviço que se encontrava capilarizado, descentralizado, não dissociando as vertentes do cuidado, da gestão e do ensino. Nele, o gestor da unidade de produção do hospital (e não a categoria profissional) é quem enviava os projetos para as escolas de onde vinham os estagiários. Ou seja, além de estimular a visão interdisciplinar, não se colocava como um plano da coordenadoria de desenvolvimento, mas apoiado por ela. O gestor da unidade era um tutor que trabalhava em rede, se perguntando, entre outras coisas, como a residência se inseria na unidade e se relacionava com a teia dos serviços do município. Outros modelos eram as participações no Conselho Local de Saúde e nas atividades de implantação da Política Nacional de Humanização (PNH).

6. Conselho Tutelar – o tamanho das próprias pernas

POR MEIO DO Departamento de Assistência Social da administração pública de um município, realizei diagnóstico de seu Conselho Tutelar. Objetivava compreender os motivos pelos quais a equipe de conselheiros estava encontrando sérias dificuldades na relação entre seus integrantes (ao todo vinte, divididos em quatro grupos de cinco, representativos de quatro regiões da cidade. Cada equipe de cinco trabalhava em sala separada das outras), o que comprometia o andamento das atividades que executavam.

Fizemos dois encontros e depois de algumas dinâmicas e conversas foi confirmado o alto grau de tensão na inter-relação grupal. Isso se evidenciava, por exemplo, pelo fato de não mais conseguirem efetivar a reunião quinzenal de colegiado com todos os componentes.

Tendo se configurado um retrato muito claro das barreiras existentes já nesses nossos contatos iniciais, aproveitamos os outros seis para tentar dirimir alguns dos nós. Para tanto, percebi que era premente comer pelas bordas; que cada um pudesse olhar um pouco para si, percebendo quais contribuições poderia dar para diminuir as desavenças; e exercitar a atenção para que no cotidiano de trabalho os conflitos não se alimentassem ou não se reproduzissem.

Outro procedimento conduzido foi uma reunião de colegiado – a cena temida por eles – mantendo-me como observador. Ao final, trocamos ideias sobre os acontecimentos. A avaliação deles foi positiva, pois conseguiram discutir sem se agredir. Quando questionados se puderam identificar os pontos sensíveis com os quais teriam de contribuir e se conseguiram concretizá-los, a maioria registrou que houve ganhos, embora alguns tenham dito que precisavam melhorar muito. Além disso, o papel de coordenador de grupo, no caso deles de coordenador da reunião de colegiado, era pouco desenvolvido. Isso também contribuía para potencializar os atritos.

Mesmo nesse encontro, mas mais fortemente caracterizados em outros posteriores, alguns desacordos reapareceram. Alguns sentiram necessidade de retomar acontecimentos da história de convivência entre eles, até para que pudessem olhar adiante. Quem indiretamente foi criticado em algumas atitudes se queixou, pois imaginava que olharíamos, daquele momento em diante, apenas para o presente e o futuro. Esse episódio é significativo e, como veremos, aparecerá novamente, mais adiante, neste relato.

Estive o tempo todo pisando em ovos. A suscetibilidade na rede de relações era grande. As diferenças de postura entre eles se dava muito em função das divergências de visão de mundo: uma perspectiva mais educativa, de formar pessoas por meio de suas ações, se contrapunha a outra mais punitiva, policialesca. Dessemelhanças que careciam conviver com um mínimo de respeito mútuo para que o trabalho comum pudesse acontecer. Outro ingrediente da fragilidade que permeava os vínculos tinha vez ao trazerem divergências oriundas da gestão do conselho anterior. Algumas eram remanescentes e estabeleceu-se com os novos integrantes uma dinâmica de "cabo de guerra" entre a experiência já adquirida e os outros modos de se posicionar nas interfaces com as quais um conselho tutelar interage.

Findada nossa etapa de diagnóstico, mas ao mesmo tempo já iniciando a de intervenção, sugeri à equipe e ao departamento que havia me contratado que, caso houvesse alguma continuidade do trabalho comigo, ele se desse na seguinte direção: um acompanhamento com a equipe, quinzenalmente, pois havia a premência por uma mediação mais sistematizada, tendo em vista os esgarçamentos mapeados, na linha de um "cuidando de quem cuida".

Ou seja, para que eles pudessem melhor cuidar dos sujeitos, crianças e adolescentes, razão de ser do trabalho, seria importante que fossem cuidados, enquanto equipe, para que uma sinergia mais construtiva fosse atingida. Nossos encontros girariam em torno da discussão de casos por eles atendidos, numa reflexão conjunta para que, baseados nela, pudéssemos nos agrupar: por meio da construção de conhecimentos comuns e úteis à prática deles, é necessário estabelecer um grau de convivência profissional condizente com a tarefa para a qual foram eleitos, transformando o agrupamento de conselheiros numa equipe mais profissional. Não focar diretamente as inter-relações entre eles foi proposital, uma vez que a receptividade ao lidar com esse aspecto era restrita. A melhoria nos relacionamentos poderia ser uma decorrência da construção coletiva do papel de conselheiro, mas não foi colocada como objetivo primeiro.

Além disso, dois outros elementos fizeram parte de minha proposta: o aprimoramento do papel de coordenador de grupo (com reuniões de conselho que seriam feitas no nosso espaço, por vezes coordenadas por mim, outras por eles) e as ações de integração dos remanescentes da equipe com os novos conselheiros que assumissem a nova gestão (na tentativa de quebrar a manutenção da relação por vezes perniciosa entre "velhos e novos").

Com a permissão de conselheiros e departamento, alguns meses depois iniciamos essa nova fase. E, em seguida dessa breve contextualização, chegamos ao dado que quero destacar para o leitor. Nos primeiros encontros da nossa retomada, seguimos o combinado. Com o uso de jogos e discussões abordamos alguns atendimentos à população com os quais eles deparavam e apresentavam sensações de impotência. Apreendemos algumas singularidades relevantes, ampliando a compreensão das situações, e alguns encaminhamentos surgiram em consequência.

Acontece que essa construção conjunta renovou as expectativas nos integrantes de que o grupo pudesse ir além. Poderiam lançar-se na empreitada de fazer uma avaliação da atual gestão deles como conselheiros, e que, com base nela, ações fossem propostas. Por exemplo, poderiam formar um grupo de trabalho para contribuir com referências para o próximo conselho. Como não tiveram uma capacitação que os instrumentalizassem no início de seu papel de conselheiros, imaginaram que eles mesmos poderiam montar e oferecer uma formação mais adequada aos futuros componentes. Também se propuseram a rever o regimento interno do Conselho Tutelar, palco de muitos desentendimentos anteriores.

Como se vê, o que antes havíamos acordado começou a sofrer um desvio de rota. Era uma direção que se mostrava bastante otimista, buscando resultados fundamentais, exigindo uma capacidade de trabalho conjunto muito maior do que a disponibilidade que havíamos detectado poderia dar conta. Também fui contagiado por essa empolgação, que durou até a reunião seguinte.

Durante a apreciação da gestão, que estavam por finalizar, algumas feridas se reabriram. Não havia cicatrização protetora suficiente para transitarmos por território sujeito às suscetibilidades como as que podem emergir num processo avaliativo. Retomou-se a tensão. O grupo regrediu ao estágio anterior, da época do diagnóstico. Ainda persistimos na avaliação, mas não mais com a maioria presente. O número de participantes diminuiu, segundo o próprio relato deles, por não estarem dispostos a conviver uns com os outros.

O que trago como aprendizado de minha parte com base no que descrevo e socializo com o leitor é que, desde então, apesar de já saber disso, tenho redobrado minha atenção para manter meus movimentos de entrada e saída da equipe. Posto de outra forma, exercito a posição de estar dentro, pulsando com o grupo, para sentir e captar suas urgências e assim ter condições de provocar situações que mobilizem alternativas. Mas também preciso me colocar de fora, observando, num distanciamento que não leva ao não comprometimento, mas que contribui para uma visão mais panorâmica que pode mirar ingredientes que uma aproximação demasiada por vezes turva.

No caso em questão, o grupo se dispôs a realizar tarefas para as quais não tinha estofo suficiente. Não foi à toa que refiz com eles o contrato quanto a minha intervenção depois do diagnóstico. A trajetória que havíamos traçado talvez fosse menos pretensiosa, mas poderia ofertar mais segurança aos nossos passos. É claro que não é possível saber como teria sido nosso trilhar pelo primeiro caminho escolhido. Mesmo sinalizando melhores garantias da mesma maneira, poderíamos deparar com as limitações latentes, e esse exercício que estamos fazendo aqui, refletindo posteriormente, pode servir para os novos casos com os quais venhamos a nos confrontar. É valioso que um coordenador de trabalho com equipes esteja atento ao momento pelo qual o grupo passa e, em função disso, se perguntar se ele tem condições de se colocar determinadas metas.

7. Liderança numa empresa – servindo a quê e a quem?

Recordo o grande salão de cursos/treinamentos de uma grande empresa. Estamos no sábado de manhã. A encomenda é de que meu parceiro (João Gemma) e eu trabalhemos com eles, durante todo o final de semana, o tema liderança. Nas conversas prévias com o representante do RH que nos fez a proposta, combinamos que proporcionaríamos, ao final dos encontros com os dois subgrupos de técnicos/supervisores com quem faríamos as práticas, um mapeamento de aspectos a serem desenvolvidos, posteriormente e de modo processual, pelo mesmo RH ao qual se subordinavam. Combinações feitas, voltemos àquele dia de sol.

Como registro das ações executadas com os 35 primeiros supervisores, colhemos do grupo conceitos que, segundo eles, tipificavam o líder ideal. Tomando como referência esse material coletado, cada um pôde identificar o que faltava em si, ou diagnosticar o grau de cada ingrediente (capacidade de motivar, transparência, flexibilidade etc.) a ser aprimorado. Vale ressaltar que, intermediando cada etapa do processo, utilizei jogos com o intuito de aquecimento ou para facilitar o trânsito entre uma tarefa e outra.

Outro dado significativo ao nosso propósito é que as cenas criadas sobre o assunto foram de pouca expressividade, demonstrando conteúdos, digamos, incipientes. Ao final do dia, na avaliação realizada, uma insatisfação se mostrou: quais eram as mensagens que queríamos passar com aqueles procedimentos? Ou, nas palavras deles: "Qual era a moral da história que estaria embutida em cada um?" Alguns exemplos nos foram oferecidos para referendar como outros consultores apresentaram os elementos sobre a trajetória a se seguir: passaram pela experiência de caminhar contra a correnteza de um rio cheio de pedras, à noite, para "entenderem" que o medo necessita ser superado e andaram sobre brasas para se apropriarem da noção de que a crença e a confiança no que fazem é fundamental.

Assim, o grupo, apesar de termos um contrato diferente disso, esperava um "treinamento" no qual alguém exporia sobre o tópico em questão, em forma de palestra ou de dinâmicas, que os levariam a conclusões previamente formuladas ou estudadas. Outro acontecimento a confirmar essa leitura foi o relato do responsável pelo RH de que alguns supervisores, no dia do trabalho e até mesmo no dia anterior, estavam preocupados pela não confecção das apostilas sobre o "curso".

Munidos dessa vivência e compreensão em relação ao primeiro grupo, foi inevitável nos determos com maior ênfase na fase inicial do nosso trabalho com o grupo dos 35 supervisores do domingo. Nosso projeto comum precisava ganhar sintonia mais fina.

Por isso, no segundo grupo, a diferenciação da concepção de intervenção, quando comparada às outras existentes, foi debatida até termos certeza de que, dessa vez, estávamos realmente com o contrato claro e acordado entre as partes. O grupo entendeu e topou o desafio. E a construção coletiva pôde assim se dar com maior qualidade, permitindo até mesmo a explicitação de uma cena em que foram apontadas algumas contradições dentro da empresa, evidenciadas nas fortes tensões existentes no desempenho do papel de líder-supervisor. Confirmando-as, fomos tomados de surpresa com o número de separações de casais e de crises de estresse comentadas em conversas informais. A produção de uma cena desse tipo, com toda a emoção envolvida e espalhada, só foi possível graças à existência de um trato mais bem alinhavado quando conferido com o que estabelecemos no dia anterior.

Na avaliação final do grupo, algumas pessoas disseram ter ficado com dúvida se seriam capazes de expressar as características ideais do que seria um líder para eles. Alguns disseram que participaram do trabalho "para cumprir mais um compromisso" e que "passaram um dia produtivo". Ou ainda: "A empresa poderia ganhar muito mais se todos pensassem e agissem dessa maneira" (referindo-se à concepção de construção conjunta). Esse foi o comentário final de alguns deles, reafirmando que estavam acostumados a atividades em que alguém dizia o que era para ser feito e eles desempenhavam de acordo com as expectativas dadas, sem o desenvolvimento de crítica propositiva e da troca, podendo vislumbrar alternativas mais inovadoras e do interesse de todos.

Mesmo com a produção coletiva do segundo grupo e a sua avaliação satisfatória, a empresa não mais entrou em contato para os projetos seguintes que havíamos aventado. Pelo seu porte, sabemos não ter sido por contenção de verba ou algo parecido.

A leitura feita com meu parceiro foi de que desvelamos alguns conteúdos com os quais a empresa não tinha a mínima disponibilidade em deparar. Sem fugir do tema liderança – pois as tensões delineadas diziam respeito a embaraços ao se exercer tal função –, afloraram dificuldades relativas ao papel dos supervisores ao se verem como joguetes entre seus superiores e subordinados. O papel de líder encontrava-se engessado, impossibilitado de ser vivenciado por eles, uma vez que não tinham autonomia para propor ou discutir encaminhamentos. A estrutura vertical era bastante rígida, cabendo a eles unicamente seguir ordens.

Ou seja, a perspectiva de um trabalho mais aprofundado com as equipes, na qual poderiam aparecer pontos não enfrentados, entra em choque ou, até mesmo, inviabiliza em empresas como a referida. É premente que haja abertura e disponibilidade por parte dos contratantes para lidar com algumas matérias emergentes. E por que valeria a pena? Posso dizer que, por mais difíceis que sejam, oferecerão um cartograma mais verídico de questões que carecem de cuidados. Fechar os olhos a eles é maquiar situações que, bem o sabemos, podem minar o cotidiano de um departamento, empresa ou instituição. Podemos transitar com melhor **performance** quando o terreno é mais bem conhecido.

A criação coletiva, embora peça definições de papéis para que caminhe a contento, estimula a maior horizontalidade nas relações, ao menos enquanto se realizam os roteiros que a promovem. Assim, se coloca, no mínimo, como um ingrediente contraditório quando inserido numa estrutura ou cultura organizacional guiada por rígida verticalidade. Mesmo assim, acredito na sua proposição, mesmo nesses ambientes. A ideia de um "vírus que pode ser inoculado" continua válida. No mínimo, pode ajudar a revelar veios e conteúdos organizacionais improdutivos e ineficientes por serem também opressores.

Retomo o já dito em capítulos anteriores: esse recurso para trabalhar com as equipes mostra-se como instrumento potente para captarmos o que é denominado por alguns de "clima organizacional". Um grupo nunca representa exclusivamente a si próprio, mas também dá sinais dos valores e da visão de mundo do contexto organizacional em que se encontra inserido. Isso possibilita que, por meio de equipe representativa de uma organização, possamos abordá-la como um todo.

Portanto, a construção coletiva se coaduna com a noção mais contemporânea de liderança que reza o despertar da autonomia e a formação de novos líderes em vez de seguidores obedientes; que considera as singularidades e não a massificação; que incentiva a percepção do todo, da visão sistêmica; que entende que há oportunidades para se criar, pois o roteiro não está sempre escrito com fórmulas prontas e acabadas; que vê o trabalho coletivo como cada vez mais fundamental; e que percebe a motivação também como intrínseca – o que foi visto em capítulo anterior –, fomentada por atitudes que promovem reconhecimento e pertencimento.

Com essas posturas e outras na mesma linha é que essa proposta de trabalho em equipe se conecta. Conexão inexistente na empresa em pauta.

8. Maquiagem numa empresa de acessórios automobilísticos?

Fui PROCURADO POR uma consultora da área empresarial para que, numa parceria, realizássemos um trabalho que lhe foi solicitado por uma pequena empresa de acessórios automobilísticos. Sua encomenda foi que eu "fizesse algumas dinâmicas para agitar o pessoal". Não é incomum esse tipo de visão e pedido. A falta de critérios ou de clareza de objetivos quanto à utilização das dinâmicas de grupo é assunto recorrente.

Nesse propósito da consultora, na verdade, o que pude perceber foi que ela não tinha a menor ideia de como lidar com a encomenda que lhe fora feita e estava quase "terceirizando-a" a mim. O pedido que lhe fora feito era de que ajudasse a descobrir por que a produtividade estava em queda.

Tomando como referência, mais uma vez, a noção de que as encomendas e demandas precisam sempre de uma checagem para que o contrato possa ser executado com o devido ajuste das expectativas, propus que conversássemos um pouco mais com o proprietário. Assim o fizemos e, durante seu relato, alguns acontecimentos significativos apareceram. Alguns meses antes dessa nossa reunião, um dos funcionários foi pego levando para casa um dos produtos feitos pela empresa. Como medida de segurança, foram instaladas câmeras nas dependências da fábrica.

Frente a esse quadro, propus que eu pudesse ter contato com os diversos segmentos da organização, visando obter elementos para um diagnóstico mais acurado. Com base nesse levantamento, ofertaria um caminho de intervenção. Com sua concordância e o projeto comum agora melhor traçado, dei início.

Realizei um encontro de cerca de quatro horas com cada um dos três grupos de 50 funcionários que se revezavam em turnos na produção. Utilizei-me da produção coletiva de cenas representativas do cotidiano do trabalho deles. Em seguida, trabalhei com o grupo dos responsáveis pelo administrativo. Por fim, marquei um retorno com os proprietários, um rapaz com seus 24 anos e sua mãe, para apresentar minha leitura do que estava transcorrendo.

Assim que me acomodei em seu escritório ele me inqueriu: "E aí? Já tenho como saber quem preciso mandar embora?" Fui tomado por surpresa. Novamente, um alinhamento no contrato precisava acontecer, pois estávamos trilhando por direções totalmente diferentes. Foi preciso me colocar de maneira mais direta e posicionar-me contrariamente a essa perspectiva sinalizada por ele, respaldando-me na combinação que havíamos feito. Eu não havia sido contratado para identificar bodes expiatórios. Por outro lado, essa sua atitude deu mais substância ao que eu tinha para lhe descrever e o faço novamente agora a você, leitor: o pai, engenheiro químico, fundou a empresa num pequeno barracão, com outro sócio. Aos poucos, as atividades foram crescendo. Com elas, o espaço e o número de funcionários. Mesmo assim, os processos todos – fabris, gerenciamento de pessoas e administrativo – passavam ainda, quase que em sua totalidade, pelas mãos do fundador, sócio majoritário. Dois anos antes da minha intervenção, o pai falecera subitamente.

O único filho e sua mãe tomaram a frente, conhecendo pouco ou quase nada do negócio. Foi natural que uma insegurança

POR DENTRO DAS EQUIPES

muito grande atravessasse ambos, principalmente o filho, pela pouca idade e pelo o que, culturalmente, nesses casos, se espera de iniciativa e força do gênero masculino. Como sintomas dessa vulnerabilidade e ansiedade, passou a desconfiar do sócio minoritário, mais velho e com maior experiência, acreditando que ele e sua mãe poderiam ser manipulados e traídos. Sua mãe não endossava totalmente essas suas suspeitas, mas, ao mesmo tempo, não tinha sinais suficientes para acreditar não haver nenhuma intenção obscura por parte do sócio.

Assim, nesse contexto, quando ocorre de um funcionário ser pego levando um pequeno componente de uma peça para casa, o que era um receio de estarem sendo lesados se confirmou, na visão do herdeiro. A dúvida se amplificou e generalizou, também, para os funcionários. Sua próxima atitude foi espalhar câmeras por toda a empresa, inclusive nos banheiros, barracão da fábrica, corredores etc. Os funcionários passaram a ser revistados na entrada e na saída do serviço. Depois desse ocorrido, a produção caiu.

Tal mapeamento, fruto do cruzamento de dados que as dinâmicas produziram, provocou alívio na mãe, pois ela se apropriava de uma maior consciência do que estava acontecendo com a empresa. O rapaz, mesmo se dando conta de que o histórico era um retrato representativo da história deles que, por sua vez, estava conectada ao histórico da empresa, concordou que seria importante que começássemos abordando por esse ângulo, numa intervenção inicial minha com os dois. A intenção era criar um continente propício para que pudessem compartilhar um pouco das angústias provocadas com a morte súbita do pai, o que até então não havia ocorrido. Provavelmente a partir daí, com uma elaboração que viria a fortalecer-lhes, poderiam repensar e reestruturar os vínculos na empresa, atacando as reais matrizes das dificuldades no trabalho com as quais deparavam. Sua capacidade momentânea, no entanto e a meu ver, de compreender e aceitar esse cenário não foi suficiente para que déssemos início a essa etapa. A desconfiança estava instalada fortemente, a ponto de ele dar indícios de que também passou a cismar comigo como alguém que o estivesse enganando.

As equipes, nesse caso, estiveram representadas pelos diversos trabalhadores, mas também pela dupla familiar gestora da empresa. Não acredito que algum procedimento, fosse ele desenvolvimento ou treinamento, pudesse resgatar a produtividade. Portanto, a proposição de um trabalho mais aprofundado, por dentro da equipe, se diferencia, numa situação como essa, de outro modo de intervenção que poderia funcionar apenas como maquiagem reparadora. Mesmo não tendo sido possível levar o trabalho mais adiante do lugar até onde conseguimos, continuo acreditando ter sido a estratégia proposta a mais coerente diante das reais carências daquela circunstância.

9. Método – explorando a realidade suplementar

As equipes precisam de ajuda externa quando não conseguem dar conta de certos temas que as envolvem. E uma forma recorrente de manifestação de que algo não se transforma é a sua reprodução sempre num mesmo formato: discute-se e se chega ao mesmo ponto; usam-se as mesmas frases para descrever a já conhecida e velha percepção; repetem-se as mesmas dinâmicas; as posições e os posicionamentos encontram-se cristalizados.

Como decorrência, quando somos solicitados a intervir e iniciamos os encontros, a tendência é de que esses modos repetitivos mais uma vez apareçam, visto que é o que o grupo tem a oferecer, principalmente nas reuniões iniciais em que ainda não houve tempo suficiente de pesquisa e intervenção sobre esses aspectos instituídos.

Assim, por vezes, o simples fato de proporcionarmos o tempo e o espaço no qual as pessoas possam se encontrar e conversar num clima propício não é suficiente. É necessário propor estratégias que possam levar a outros ângulos além dos já conhecidos. Se a realidade cotidiana está estruturada de uma maneira enrijecida, temos de criar uma outra que possa agregar novos ares e cores. Os relatos anteriores já trouxeram exemplos da utilização desses recursos, mas vejamos mais um desses momentos e o manuseio de uma dessas possibilidades.

A equipe em questão descreve o que costumo chamar por "constatações" (como também já explorei nos capítulos anteriores).

Numa situação após a outra, os integrantes apresentam caracterizações de alguns assuntos que, entremeados, formam um conjunto já conhecido por eles: a desmotivação e o cansaço como sintomas de um processo de trabalho esfacelado e planejamento precário. Um panorama que se repete há tempos.

Proponho que avancemos desse ponto de constatações, pois se trata do já sabido. Precisamos de novas iluminações. Peço para que cada um dos integrantes vislumbre imagens que possam, figurativamente, representar essa etapa vivida.

Dentre elas, surge "uma laranja dentro de uma gaiola", o que provoca certo espanto na pessoa que a imaginou, por não ter a menor ideia do que se trata. Instruo, primeiramente, que ela se coloque no lugar dos elementos que constituem a imagem e dê suas impressões. Os novos ângulos trazidos vão na direção de que cada membro dessa equipe de gestores está representado nessa laranja e de que a gaiola é a empresa. Trata-se de uma gaiola abandonada. Tem de prender algo para provar que há uma razão de existir. Algumas questões sobressaem: "Vou assumir ser uma laranja? Um funcionário burocrático? Posso reformar essa gaiola, transformá-la num recipiente que contenha uma planta que se expanda? Quem poderia reformar? O apoio técnico? Qual o nosso limite, como gestores?"

Outras imagens: "Uma bexiga com muitos furos – sempre entra muitas coisas, mas está sempre vazia"; "A música *Roda viva*, de Chico Buarque: 'Tem dias que a gente se sente como quem partiu ou morreu'"; "Uma plantinha nascendo na pedra".

Cada uma dessas imagens é explorada por meio de um esboço inicial de compreensão oferecida por seu criador, pelo motivo de estar mais envolvido com ela. Num segundo momento, estimulo para que todos teçam algum tipo de entendimento sugerido pelas outras imagens. A equipe, assim, vai produzindo uma gama de novos significados possíveis e se identificando com aqueles que melhor ecoam como representativos dos conteúdos que os estão atravessando e trazem alguma espécie de conflito. Nesse trilhar, naturalmente o grupo vai fazendo um movimento de idas e vindas entre essas metáforas e seu cotidiano. Tais projeções imaginadas funcionam como novas referências por meio das quais a equipe e o coordenador podem se pautar para se apropriar das tensões presentes na micropolítica do cotidiano, no papel profissional e nos processos de trabalho estabelecidos, podendo então ter mais condições de mirar encaminhamentos antes não percebidos.

O incentivo à criação dessa outra natureza de realidade – a realidade suplementar, que suplementa a realidade dita concreta – pode se dar de inúmeras formas. No caso apresentado foi utilizado o delineamento de imagens. Nos capítulos precedentes, lançamos mão de cenas e jogos. Podemos, também, nos instrumentalizar por desenhos, letras de músicas, enfim, um repertório enorme que as artes em geral nos municiam. Fica claro que o coordenador precisa de preparo adequado para saber o instante mais propício para empregar o leque de opções, como manejá-lo melhor e, principalmente, como criar as condições propícias para que os participantes se envolvam com a proposta feita e se sintam confortáveis em mergulhar na realidade suplementar.

Uma imagem, uma música ou um personagem pode ter sua construção instigada previamente pelo coordenador, como vimos na cena acima. Mas podem ainda emergir espontaneamente. Vejamos.

No Capítulo "Motivação numa equipe de Creas" foi descrito que um caminho pavimentado pelo grupo na busca pelo enfrentamento da desmotivação reinante foi escrever conjuntamente um livro em que pudessem expor e compartilhar as diversas experiências vividas nos vários anos exercidos no papel profissional. No início de um dos encontros posteriores, uma integrante (Leniter V. A. Sertório) disse que gostaria de reler o conto que havia escrito e assim o fez. Síntese da história: um tênis largado debaixo de uma ponte por um morador de rua que lá habitava. Amava uma mulher e a perdeu por ser alcoólatra. O tênis restou como único objeto simbólico daquela época. Pesquisamos um pouco com a autora as fundamentações de várias ordens que originaram o texto, e também vimos as ressonâncias provocadas na equipe. Durou um curto espaço de tempo, no entanto, o conto como parâmetro. Logo passaram a falar de acontecimentos do cotidiano nos quais impasses na integração se faziam presentes, dentre eles a ausência de espaços coletivos e a dificuldade de realizarem um planejamento conjunto. Os discursos seguintes foram de entendimentos com este perfil: "Isso está assim há muito tempo, não vejo perspectiva de mudança!"

Constatação feita, cabe o recurso de implantar a realidade suplementar como aparato propício para oferecer novos ingredientes diante da sensação de impotência destacada por eles. Acontece que, nesse caso, uma história já havia emergido naturalmente. E, não por acaso, pois era um tema que já permeava o grupo trazendo em si o mesmo conteúdo de desesperança na figura do alcoólatra morador de rua. Portanto, tivemos o trabalho apenas de intervir numa realidade suplementar já construída. Foi sugerido que eles se imaginassem participando daquela história e que exercessem alguma espécie de ação para transformá-la: "Ele não tem um projeto de vida..."; "Interviria buscando uma redução de danos, mas me questionando com base em qual referência, a minha ou a dele?"; "Me aproximaria mais da pessoa, identificaria melhor a situação para pensar numa estratégia. Estabeleceria um vínculo de confiança"; "Conheceria melhor o contexto familiar para ter um panorama geral". Esses foram alguns dos procedimentos e algumas das ideias geradas. O passo seguinte foi a busca por levar essas alternativas para o cotidiano de trabalho deles e a tentativa de captar o que lhes serviria. Criar um clima propício para a aproximação com a coordenação do serviço e obter alianças para o seu fortalecimento é o que mais se aproximou de uma possibilidade a ser experimentada.

Em se tratando de um processo, modo que tem sido defendido aqui para que sejam realizados esses trabalhos com equipes, o coordenador pode ainda lançar mão de elementos da realidade suplementar que tenham sido evocados em reuniões anteriores. São parte do repertório criado pelo grupo e, portanto, simbólicos das questões que lhe dizem respeito.

Um fato frequente ocorre nas circunstâncias de análise de determinada fase percorrida pela equipe. Como muitas vezes durante os encontros sobressaem imagens usadas para caracterizar a organização/instituição onde a equipe está inserida, retomá-las numa etapa de avaliação futura pode trazer uma noção importante do percurso transcorrido e dos movimentos ocasionados, como vimos no capítulo "Gestão de pessoas num hospital".

Noutro exemplo, a figura de uma casa, criada numa das reuniões com a equipe de uma empresa, pôde ser retomada num cenário de avaliação, questionando como ela estaria naquele momento: "Precisa de uma manutenção, reforma"; "Preservar algumas coisas que estão funcionando"; "Está com os móveis essenciais, mas precisa de readequação do espaço"; "Muita coisa foi adaptada, até um puxadinho foi feito"; "Não é mais uma casa, parece uma república" etc. Com essas mudanças na imagem da casa anteriormente trazida, pudemos passar ao estágio de teste das analogias procedentes com o processo de trabalho deles para podermos continuar pesquisando os assuntos em foco.

O simbólico é uma forma de síntese. Acessá-lo é deparar com ângulos complementares do fenômeno que estamos investigando. Em outra vertente que a esta se soma, as imagens, os personagens e outros produtos da representação imaginária funcionam como se fossem os sonhos que produzimos ao dormir. São da ordem do subtexto, do implícito, do inconsciente. Cabe ao coordenador munir-se de instrumentos para que se manifestem, pois só assim podemos com ele lidar e enriquecer o cotidiano das equipes que, por vezes, mostra-se limitado.

10. Outras sugestões ao coordenador

QUALQUER QUE SEJA a denominação utilizada para o profissional que vai realizar a proposta de acompanhamento de equipes aqui preconizada (coordenador, apoiador etc.), este capítulo objetiva reforçar alguns dos cuidados já abordados nos capítulos anteriores e sugerir outros que podemos ter para, por vezes, encurtar caminhos ou trilhar por eles mais confortavelmente respaldados.

Retomo, mais uma vez, um ponto que considero crucial. Como visualizamos em vários dos relatos transcritos, em determinados momentos de cada encontro as equipes precisam perceber alternativas para as tensões, os conflitos, os questionamentos, os temas, enfim, sobre os quais se debruçaram. Caso o estímulo para que isso ocorra não seja feito, e tal incentivo é atributo do papel do coordenador, corre-se o risco de que o grupo permaneça na impotência das constatações, o que estanca o fluxo criativo. Tenho me pautado, então, por ficar atento ao instante em que passamos à etapa dos encaminhamentos, se possível elegendo, conjuntamente, os participantes responsáveis por levá-los adiante depois de cada reunião.

Quando isso não acontece, a ameaça que se sofre é da equipe ser tomada por frustrações, uma vez que participou de discussões e dinâmicas que não resultaram em mudanças efetivas. Nem sempre é viável que as transformações ocorram, mas colocar em prática os delineamentos conjuntamente construídos traz a noção de que a equipe faz o que está ao seu alcance. E isso não é pouco.

Também merece destaque a opção de se fazer um histórico dos passos dados, seja para manter o aquecimento do grupo na atividade em andamento, seja para contemplar os novos integrantes com o que foi construído até então. Percorrer a trajetória feita desde o início é uma forma de se cartografar o nascimento e o desenvolvimento do projeto até o estado no qual se encontra. Esse procedimento é um instrumento pelo qual, frente a diversas urgências, ampliamos a consciência sobre o processo no qual estamos envolvidos. Saber onde se pisa facilita a escolha da direção a se tomar.

Por sua vez, cabe a atenção do coordenador para o fato de que ele não está com as equipes todo o tempo. Muitas outras cenas transcorrem no cotidiano de trabalho sem que ele esteja presente, uma vez que se encontram para as reuniões em intervalos semanais, quinzenais ou até em períodos maiores. Assim, com cuidado e quando viável, é desejável ter estratégias (desde a formulação de simples perguntas até a proposição de dinâmicas que venham explorar esses aspectos) para trazer alguns acontecimentos que sejam significativos ao trabalho em andamento, mas que podem se dar noutro contexto onde estão o coordenador e a equipe. Não é à toa que já se tornou clássica a expressão "rádio peão". Serve para designar o espaço informal onde transitam algumas informações, são emitidas mais espontaneamente algumas opiniões e a micropolítica institucional/organizacional, em algumas situações ou com muita frequência, vibra de maneira mais intensa do que no espaço da oficialidade. Justamente por esse motivo, proporcionar o clima adequado e estruturar mecanismos que viabilizem a passagem desses conteúdos para o contexto dos encontros, mais do que fazer uma transposição necessária para os assuntos que já circulam, é criar e instituir um fluxo adequado por onde possam escoar e se concretizar conteúdos relevantes que influenciem no desenrolar do processo de trabalho. Somente se as equipes explicitam suas necessidades é que podemos abraçá-las. A constituição das equipes é outro elemento relevante. Em certas circunstâncias, a convivência com pessoas hierarquicamente superiores inibe a participação, o que traz à tona a questão do poder que permeia as relações. Noutras, a tensão, inerente ao episódio, não é imobilizadora. Cabe ao coordenador, assim, perceber as peculiaridades de cada fato para que possa contribuir para a construção coletiva desejada.

Quanto à indispensável temática que diz respeito à premência por respaldo e legitimidade da parte daqueles que dirigem a instituição/organização e da equipe para com o coordenador, já a abordei no capítulo "Legitimidade para intervir". A criação coletiva foi identificada como ferramenta facilitadora para a obtenção desses quesitos fundamentais, nela incluindo o coordenador que também participa com suas variadas possibilidades de contribuição. Desse modo, aos poucos passa a ser visto não como alguém de fora, mas como mais um integrante do coletivo, embora com papel diferenciado. Não sendo um exercício de pura retórica, mas uma atitude demonstrativa de disponibilidade verdadeira da parte do coordenador, esse tipo de compartilhar alimenta os vínculos do imprescindível pilar da confiança.

O posicionamento como componente do grupo traz em si um desafio, também já esboçado, de criar um movimento que permita estar ora dentro, sentindo e percebendo a equipe, ora fora, refletindo e exercitando a integração de ingredientes que surgem e, num primeiro momento, parecem desconexos. Articuladas as disjunções, a ação agora é de nova inserção grupal oferecendo as leituras elaboradas. Estas serão consentidas ou não pela equipe, de acordo com o que as acepções ecoarem.

Reflexões finais

ESSA PROPOSIÇÃO DE acompanhamento de equipes pretende, por um lado, dar conta das inter-relações oriundas de seu cotidiano. Todo processo de trabalho implica relações. Ou seja, cuidá-las, tendo como foco esse mote, torna-se essencial. Mas, por outro lado, a oferta aqui feita busca checar se as estruturas geradas e se os procedimentos de trabalho em si estão cumprindo seus objetivos a contento ou merecem ser revistos. Pude acompanhar por anos algumas equipes, e com outras estive em reuniões pontuais. Ou seja, esse tipo de intervenção pode servir como prevenção para o surgimento de questões que, depois de delineadas, podem ser mapeadas e cuidadas mais rapidamente. Ou como ato remediador para assuntos que já eclodiram e, muitas vezes, estão cristalizados. Guiado pelo dito popular que reza ser melhor prevenir do que remediar, partilho a ideia de que o apoio mais sistemático e constante tende a fortalecer as equipes ao proporcionar que construam seus próprios mecanismos de detecção de carências, ao mesmo tempo que potencializam sua capacidade de resposta diante do percebido. Dito de outra maneira, a construção de um bom grau de autonomia das equipes pede um tempo maior, mas, assim sendo, oferece mais consistência no enfrentamento de dilemas atuais e de situações vindouras.

Muitas vezes, o simples fato de as pessoas estarem juntas, conversando, refletindo, se observando, permite um espaço/tempo de trocas no qual dificuldades vistas inicialmente como individuais se mostram coletivas em função da singularidade do processo de trabalho em pauta. Sendo coletivas e dizendo respeito a dinâmicas instituídas, esses contratempos pedem uma abordagem que alcance o coletivo.

É nesse sentido que se faz premente, em muitos casos, uma interlocução com as chefias ou com outras equipes que estejam direta ou indiretamente envolvidas com os mesmos propósitos. Alguns encaminhamentos estão inseridos num fluxo que vai além das cercanias da equipe e, por isso mesmo, pedem um intercâmbio maior nas interfaces, o que é feito, em certas ocasiões, por um pedido da equipe, com a mediação do coordenador.

Por fim, endosso a noção de que nossos grupos e nossas equipes precisam se trabalhar para poder trabalhar. Precisam tomar-se como foco para poderem procurar metas comuns, numa cocriação contínua.

Quem sabe assim possamos ver a transformação de nossos ofícios em obras de maior prazer e de menor descontinuidade diante dos outros aspectos do cotidiano, como o convívio familiar, o lazer, o esporte, as artes, as relações amorosas, o estudo. Que o trabalho esteja integrado de modo mais harmônico em nossas vidas, contribuindo para a promoção de relações sociais mais humanizadas e solidárias – ideal a tanto perseguido.

Referências bibliográficas

CAMPOS, G. W. S. *Um método para análise e cogestão de coletivos*. São Paulo: Hucitec, 2000.

CONTRO, L. *Nos jardins do psicodrama: entre o individual e o coletivo contemporâneo*. Campinas: Alínea, 2004.

_____. O todo nas partes: psicodrama com guardas municipais. In: FLEURY, H.; MARRA, M. (orgs.). *Práticas grupais contemporâneas: a brasilidade do psicodrama e outras abordagens*. São Paulo: Ágora, 2006.

_____. *Grupos de Apoio ao Processo de Trabalho: articulações teórico--práticas entre psicodrama e análise institucional*. Tese (Doutorado em Saúde Coletiva) – Departamento de Medicina Preventiva e Social/FCM/Unicamp, Campinas, 2009.

_____. *Psicossociologia crítica: a intervenção psicodramática*. Curitiba: CRV, 2011.

KAUFMAN, A. *Teatro pedagógico: bastidores da iniciação médica*. São Paulo: Ágora, 1992.

LAPASSADE, G. *Grupos, organizações e instituições*. Rio de Janeiro: Francisco Alves, 1977.

SARTRE, J. P. *Crítica da razão dialética*. Rio de Janeiro: Lamparina, 2002.

www.gruposummus.com.br

IMPRESSO NA
sumago gráfica editorial ltda
rua itauna, 789 vila maria
02111-031 são paulo sp
tel e fax 11 **2955 5636**
sumago@sumago.com.br